The GOLDEN RULES of Adovocacy
KEITH EVANS

弁護の
ゴールデンルール

キース・エヴァンス=著

高野 隆=訳

現代人文社

Copyright © 1993 by Keith Evans
First published in Great Britain 1993 by Blackstone Press Limited,
9-15 Aldine Street.London W12 8AW.
Japanese translation rights arranged with Blackstone Press Limited
through Japan UNI Agency,Inc.

目次

イントロダクション……9

法廷弁護の諸次元……13

第1の次元
コモンローの国では、公判は真実を発見するために営まれるものではない……15

第2の次元
人間は聴覚的というよりもずっと視覚的な動物である……17
ちゃんとした服装をしなさい……19
相手方弁護士と馴れ馴れしくしているのを見せてはいけない……20
陪審員抜きに微笑んだり、笑ったり、冗談を言ったりしてはいけない……20
いついかなる時も完璧に誠実に振る舞え……20
伝えることを意図していない視覚的情報を決して伝えるな……21
事実認定者にいつも何かを見せているようにせよ……21
視覚補助道具(ビジュアル・エイド)を用いよ……21
事実認定者とのアイコンタクトを忘れるな……22

第3の次元
人々は弁護士を嫌っている!……24
あくまで真実にこだわれ……25
人を操っているように見られるな……26
弁護士らしく話してはいけない……26

第4の次元
時間……28
繰り返すな……29

必修ルール……31

必修ルールその1
弁護士は法廷で自分の意見を述べてはならない……33

必修ルールその2
弁護士は証人になってはならない。
また、証人のように振る舞ってもいけない……36

必修ルールその3
最終弁論では証拠に基づく事柄しか述べることができない……37

必修ルールその4
相手方証人にこちらの主張事実を「ぶつける」のを忘れるな……38

必修ルールその5
被告人の前科や示談交渉に言及してはならない……39

必修ルールその6
自分の証人の口に言葉をはめ込んではならない……40

演劇としての法廷弁護……43
全力をつくせ。手抜きをするな。全身全霊を捧げられないならば、転職しなさい。……45
彼らを楽しませよ……48
彼らに物語を伝えよ……49
はじまりと中間、そして結末を考えよ……50
行動の流れを持続せよ……50
シンプルにまとめよ……51
ディテールは危険だ……54
削ってもよいと思われることはすべて削るようにせよ……55
手短にせよ！……56
彼らを退屈な場面に備えさせよ……57
自分の声の音量を知れ……58
話すスピードと音質を変化させよ……58
タイミングと中断の力を知れ……59
声量を上げる時には細心の注意をせよ……60

法廷弁護の心理学……61

- 法廷弁護の素材は壊れやすい……63
- 好人物たれ……63
- 共感ルール……64
- ニュートンのルール(作用反作用の法則)……66
- 事実認定者と同化せよ(一人称複数のルール)……70
- 彼らに準備させておけ……71
- 常に親切なガイドを志しなさい……71
  - 第1:信じがたいことを信じるように求めてはならない……72
  - 第2:弱点がある時は、それが弱点でない振りをするな。弱点を率直に認め、それでもなおあなたが勝利すべき理由を示せ。……72
  - 第3:決して証拠の引用を間違えるな。証拠に対して決してずるい解釈をするな。……72
  - 第1:常に完全にフェアに見えるようにせよ。……72
  - 第2:異議申立ては必要最小限にせよ。……72
- やる時は仕方なさそうにする……73
  - 第3:陪審員を退廷させる時は細心の注意を払え……73
- できるだけ早くあなたの有能さを裁判官に示せ……74
- 注意深く聞く訓練をせよ……75
- 急停止すること……75
- 繰り返しは最小限にとどめよ……76
- 棺桶釘の例外……76
- マーク・アントニーの例外……77
- 席につき最終弁論を書け……79
- 席につき相手方の最終弁論を書け……80
- あなたの最終弁論を仕上げよ……80
- 彼らに家路を示せ……80

証人尋問……87

思考コントロール……89
彼らに何を言って欲しいかを知り、それから彼らにそれを言わせよ……89
あらゆる尋問は一連の目標の集積でなければならない。……91
普通の証人は記憶に基づいて話すということを決して忘れてはいけない……94
あなたは事実そのものを扱っているのではなく、証人が事実であると信じているものを扱っているのだということを決して忘れてはいけない……96
証人の回想を攻撃する時は穏やかにやりなさい……96
決して証人に助けを求めてはいけない……96
速記録1行を目指せ……97
複合質問をするな……97
陳述しているのではなく、質問をしているのだということをはっきりせよ……98
「はい」か「いいえ」かの答えを要求するには注意せよ……98

主尋問……101

誘導尋問に関するルール……102
いかなる事項であれ、それを尋問する前に、証人がそれに答える資格があることを示す基礎を作っておかなければならない……103
どうしてそれを知っているのかを証言するまでは、証人は自分の知っていることを証言できない……103

反対尋問……109

- 思考コントロール……110
- 自分が欲する答えをあらかじめ知り、その答えのみに導く一連の質問を組み立てよ……110
- 貨物列車のアプローチ、貨車に次ぐ貨車、目標に次ぐ目標……110
- 好人物たれ……110
- はじまりを考え、中盤を考え、そして結末を考えよ……110
- できる限り簡潔にせよ……114
- 欲しいものが手に入ったら止めよ……115
- 誘導尋問を用いよ……116
- 証人をピンで留めよ……117
- 証人が中に入るまで罠を開けるな……117
- 衝撃をやり過ごせ……119
- 狼狽を隠せ……119
- 地雷原ルール(決して驚いて引き返すな!)……120
- 必要がない限り反対尋問をするな……121
- 魚釣りをするな……122
- 答えを知らない質問をするな……122
- 「なぜ?」(Why?)とか「どのように?」(How?)と決して尋ねるな……123
- ドアを開けるな……123
- 事実認定者の前では決してミミズの缶を開けるな……124
- 主尋問で述べたことを繰り返させるな……124
- 決して証人と論争してはならない……124
- 決定的なまとめの質問をするな……125

再主尋問……129

- 救助、整理、そして虐殺……130
- 救助……130
- 整理……130
- 虐殺……131
- うまくやらないならば、やらない方がましだ……131
- 再主尋問は自信をもち難なくできるものでなければならない……131

最終弁論……135
問題なのは彼らの感情であり、あなたの感情ではない……137
感情は事実に続く、その逆ではない……138
少なすぎるのは致命的である、多すぎるのも致命的である……139
それらの感覚を認めよ……139

訳者あとがき……145

英国西部巡回区における博学なる友人たちへ
カリフォルニア州サンディエゴのグレイ、キャリー、エイムズ＆フライ法律事務所の同僚弁護士たちへ
そして、キットとゾーイーへ

INTRODUCTION
イントロダクション

巧みな弁護というものは、希少な産物である。いつの時代にも、一握りの偉大な法廷弁護士(バリスター)はいたし、真に有能な法廷弁護士も必ず何人かはいた。しかし、大多数の弁護士は、やるべきことをしないまま法廷に立っているのである。——やろうと思えばできるにもかかわらず。

　このことは、英語圏諸国のすべてにおいて数世紀にわたって続いてきたことである。その原因は、公判前に弁護士がこれから自分が何をするのかについて十分な知識を持つことを保証するシステムを、われわれが作らなかったことにある。法廷弁護士の資格を得て、ちょっとした見習いをすれば、法廷で事件を台なしにしてしまう権利をすぐに手に入れることができるのである。さらに、事務弁護士(ソリシター)には、法廷での活動範囲はかなり限られているとはいえ、名ばかりの見習い期間すら用意されていない。われわれ弁護士は、自分の無能をさらけ出すべく、いきなり広大な戦場に放り出されてきたのである。

　たしかに、弁護技術の訓練を受けることは可能であるし、そのうちのいくつかは必修科目とされている。さらに選択できる科目もある。しかし、あなたが自分の職業を本当に理解する前に、あなたが法廷に行くことを禁止するような制度はないのである。

　今度は若い弁護士の立場から、同じ事柄を見てみよう。誰でもそうであるが、われわれは最初の公判を前にして極度の恐怖におののいている。われわれの最大の恐怖は、第１に、へまをして物笑いの種になること、そして第２に、いままで経験したことのない出来事に出会い、どうしたらよいかわからなくなってしまうことである。

「エヴァンスさん」
　こう言って、裁判官はわたしの冒頭陳述をさえぎる。
「本件は、スミス対マンチェスターのような事件なんですか？」
「スミス対マンチェスター？」
　わたしは自問する。
「スミス対マンチェスターのような事件て何のことだろう？」

　恐ろしいことである。弁護士としての自信を得るには、何年間かの経験を積ま

なければならないのが普通である。この何年間かを通じてわれわれの多くは、主として試行錯誤(トライアル・アンド・エラー)によって学ぶのである。そして、考えてみればわかるように、これは依頼人の裁判(トライアル)とその弁護士の失策(エラー)を意味するのである。

　たぶん、こうした状況はいつか変わるだろう。そして、いつの日か過去を振り返って、われわれの自由の最も重要な砦である法廷に、満足な訓練を受けていない弁護士たちがかくも多く立ち入ることをわれわれがいかに許してきたかと不思議に思う日が来ることだろう。そして、自分の弁護士にまったく望みがないことを、突然悟らされた依頼人たちの絶望的な不信が繰り返されるのを、かくも永きにわたっていかに許してきたかと。

　法廷弁護の技術は教えることができるものである。教師が有能であり、生徒が正常な精神の構造を持ち、1日あたり10分以下の時間を弁護術について考えるために費やす気持ちがあるならば、法廷弁護士資格最終試験や事務弁護士試験に合格する能力がある者なら誰でも、優秀な法廷弁護士になることができる。弁護術は奥義ではない。それは技術である。

　そして、その技術は習得できるのである。

　この本は、あなたに優秀な法廷弁護士への第一歩を踏み出させるだけではない。もし、あなたが本書の一部を1日2分間を割いて読み、そしてその後の8分間読んだことについて考えたならば、2ヶ月のうちに同業者の中で上位4分の1に入ることができるだろう。さらに、あなたが真剣にこの書物に関心を持ち、弁護術について真剣に考えたならば、国内で上位10パーセントの最優秀な法廷弁護士の1人になっているだろう。そこから先は天賦の才能の問題であり、あなた次第である。

　あなたは、この本を読み終えるまでに——本書は実際に行われた1日セミナーのテキストだから、簡単に読める——良い弁護術は、ほとんど常識に関する問題だということに気づいているに違いない。われわれ弁護士は、裁判所に行く時に「常識」を捨ててしまうことが多い。その結果、われわれの仕事や態度は、しばしば退屈そうで尊大に見える。そして、ひどく間抜けな失敗を何度も繰り返す。われわれは、事態の複雑さや自分のおかれた立場に気をとられて、常識に根差した単純さというものをすべて忘れ去ってしまう。これは弁護士特有の障害なのである。

注意していないと、われわれは誰しもこの轍を踏むことになる。

　弁護術における常識こそこの本の主題である。それは一連の黄金律（ゴールデン・ルール）に構成されている。そのほとんどは一見して理解できるものであるが、あなたが前もって知っているといえるほどにわかりきったものとは限らない。以下、解説するルールは、それがどのように有効かを示すのに十分なように例をあげて説明してある。しかし、必要以上の事例をあげることはしていない。本書は、わたしや他の誰かの戦果報告というわけではない。

　本書の基礎的なルールを理解し、それらについて考え、そして考えつづけるならば、きっとあなたは惨めな落とし穴を避けて通ることができるだろう。ほとんどの同時代の弁護士たちと同じように、わたしも落ちてしまったあの落とし穴を……。

　準備ができたならば、はじめよう。

THE DIMENSIONS
法廷弁護の諸次元

われわれは、3次元の世界に住んでいる。上と下、右と左、そして前と後ろ。これが人間が存在する中空の箱である。われわれが住む世界のこの3つの次元と同じように、弁護士にとっても非常に重要な3つの基本的な真実がある。すべての法廷弁護は、これら3つの真実（次元）で構成される空間の中で行われている。ここではそれが何であるかを説明しよう。

第1の次元

> コモンローの国では、
> 公判は真実を発見するために
> 営まれるものではない

　ショッキングではあるが、この認識を最初にあげるべきだろう。事実認定を行う機関——裁判官のみによるものであれ、陪審であれ——は、いかなる事項についてであっても、真実を発見することを求められているわけではない。あなたがよく知っている身近な事例に焦点を当ててみよう。

- 証拠法は、主として証拠を排除することを目指している。それは、しばしば、実際に提出された証拠が真実を明らかにすることを阻止する役割を果たす。
- 陪審員は、めったに質問をしない。そして、質問したとしても、しばしばその質問に答えることは禁止されている。
- 裁判上の争点について個人的な知識を持っていると、陪審員になることができない。
- 裁判官は、事実を調査する捜査官ではなく、アンパイアーのようなものである。
- 陪審は、事件調査委員会ではない。

　さらに多くの例をあげることもできるが、その必要はないだろう。いままで誰もそう考えたことはなく、弁護士でも驚くだろうが、もっとショッキングな事実がある。——英語国民の裁判所では、真実に到達することはわれわれの主要な関心事ではないのである。弁護士としてわれわれがしているのは、裁判官や陪審員といった事実認定者を一つの意見に、すなわちわれわれに有利な意見に到達させようとすることである。陪審裁判の場合、弁護士は陪審員にこう問いかける。
　「公判で受け入れられた証拠——裁判官が皆さんに無視するようにとは言わなかった証拠——に基づいて、そして適正な立証責任と証明の基準に則って、皆さんの意見は、当方の勝ちかそれとも先方の勝ちか？」
　裁判官のみによる公判の場合も、原理はまったく同じである。

　これは、あなたが不誠実でもかまわないという意味ではない。まったく逆であ

弁護のゴールデン・ルール　15

る。あなたは、決して嘘をつくことはできないし、何ものをも隠蔽しないように細心の注意を払う必要がある。法廷弁護士協会は、その高い品位の基準から外れた会員に対して、極めて厳格に対処する。しかし、公判におけるわれわれの目的は、究極の真実ではなく、自己に有利な意見である。このことは、繰り返し述べるに値する。

　次のことを覚えておこう。公判がはじまろうとする時、既にディスカヴァリー[訳者注：discovery、法廷外での証言録取や手持ち証拠の開示などを含む公判前手続]は終わっている。あなたはそれ以上事実調査をするべきではない。そうではなく、あなたは人を説得するためのプレゼンテーションに精力を傾けるべきである。このことに気づくことによって、公判に対するあなたの態度は少し変わるはずである。もし、あなたが公判の場を競争か決闘であると思っているならば、これからはむしろこれを厳密に管理されたプレゼンテーションの場と考えなくてはいけない。

第2の次元

　上下が前後と異なるように、これは第1の次元とは異なるものである。それはこういうことである。

人間は聴覚的というよりも
ずっと視覚的な動物である

　われわれは、ほとんどの情報を目で見ることによって収集している。われわれの感覚器官の利用方法を考えてみよう。今日の世界では、触覚は主に楽しみのためにある。ものに触れることによって、われわれは多くの情報を得ているが、これはまったく二次的なものである。嗅覚もわれわれ人間にとって二次的なものであるし、味覚もそうである。情報を収集する道具としては、この3つの感覚は、視覚と聴覚に席を譲るのである。そして、見ることと聞くこととを比較した場合、事実を収集し、学習し、そして理解するために現代人が用いる原則的な手段が視覚であることはすぐに理解できるだろう。

　「百見は一聞にしかず」とはいわない。われわれは、テレビやビデオや映画や新聞や書物に慣れ親しんでいる。ものを意識して聞く機会は驚くほど少ない。教材テープ、たとえば、ある法律問題についての最新情報を録音したテープを再生しながら自動車を運転してみよう。意識が外れてしまっていることを何回経験するだろうか？　数分間何も聞いていなかったことに何度気がつくだろうか？　ものを見ている時と比べて、聞いている時ははるかに居眠りしてしまいやすい。

　われわれが、裁判官や陪審員に求めているのは、情報収集にとって次善の道具（聴覚）を用いることである。そして、彼らはその求めに応じている。全体として彼らはうまくそれを行っている。しかし、われわれは彼らに目隠しを施しているわけではないから、彼らは最善の情報収集機械（視覚）のスイッチを切ってはいない。われわれが彼らの次善の道具に訴えているあいだ中、常にそれは作動しつづけているのである。

　この明らかな事実、われわれが活動する現実世界におけるこの次元のことをいつも覚えておかなかければならない。コミュニケーション心理学の研究者は、わ

れわれ弁護士が恐れおののくいくつかの統計を示している。たとえば──、

- メッセージの60パーセントは、ボディー・ランゲージと全体的な見た目によって伝わる。
- メッセージの30パーセントは、声の調子で伝わる。
- メッセージのわずか10パーセントが言葉によって伝達される。
- 聞いたことのわずか10パーセントしか記憶されない。他方、聞きながらそれに関連するものを見ている時には、50パーセントを記憶することができるのである。

　心理学者たちは、わたしが弁護士資格を得る前にはこのことを言ってくれなかった。わたしが見習いをしていた時には、この知識を教えられなかった。弁護士は、概してこれらの統計を知らないし、自分たちがほとんど常に視覚の世界で仕事をしていることに気がついていない。

　そして、弁護士が裁判所の建物に一歩足を踏み入れた瞬間から、陪審員にその姿を見られる可能性が出てくる。法廷の中では、ずっと陪審員の視線に曝されつづけることになる。つまり、法廷弁護士は、1日中裁判官や陪審員に視覚的なメッセージを送りつづけているということである。これは、避けようのない現実である。

　われわれは、誰でもボディランゲージをしている。どのようなシグナルを送っているかに気がつかないまま、われわれは常に何らかのシグナルを送りつづけている。シグナルを送りつづけている以上、自分が何を送っているのかを、われわれは知らなければならない。法廷の中での立ち居振る舞いは、多くの法廷弁護士が考えているよりも多くのことを語っている。われわれは、公共の演技者なのだ。俳優やファッションモデルや政治家と同等、あるいはそれ以上にわれわれは日常的に視覚的印象を生み出しつづけている。したがって、われわれは依頼人に対する義務として、その与えつづけている印象がどんなものであるか知らなければならないのである。

　非常に困惑することかもれないし、間違いなく恥ずかしいアイデアではあるが、定期的に鏡の前に立ち、話しかけ、ジェスチャーをする習慣を身につけるべき

である。それは自分自身を知り、かつ知りつづけるために必要なことである。もしもあなたに勇気があるなら、今晩外でそれをやってみよう。まったく見ず知らずの人があなたを振り返るまで、あなたはこの世の中でもっとも見慣れた顔を、どのくらいの間見つめつづけなければならないかを知るであろう。ほとんどの人の場合、それは2分足らずである。

　大人にとって、自分自身をまったく新しい角度から、しかも客観的に見つめ直すということは非常に難しいことである。しかし、われわれ公判弁護士は、われわれ自身にいつも関心を持ち、自分が視覚的にどのように他者と出会っているのかを知る責任がある。ビデオカメラは、自分を知るための道具としてすばらしいものである。ビデオは、いままで気づかなかったことをあなたに教えてくれる。──あなたの頭の動き、口、鼻、眉毛、そしてとくに目をどう使うか。ビデオは、あなたが自分の手や腕、そして体全体をどのように動かすのかを示してくれる。額や鼻の周囲の線は重要である。こうした事柄は、あなたが自分自身を知る努力をしなければ決して知ることができないことなのである。こういうことに、われわれは本当に不慣れである。しかし、こうしたことはわれわれが想像する以上にずっと重要なことなのだ。

　あなたが「はい、そのとおり視覚の世界はたしかに重要です」と認めたその時から、いくつかの常識的なルールがあなたを見つめはじめる。このことを考えれば考えるほど、ルールは増えていく。しかし、もっともはっきりしているのは次のルールである。

ちゃんとした服装をしなさい

　あるアメリカの裁判官は、自分の法廷にポリエステルのスーツを着てきた弁護士にはその理由を証明する責任があると言っている。陪審員は弁護士に対して驚くほど高度のものを求めており、服装は重要である。あなたやあなたの依頼人や証人がどんな色の服を着ているかは、われわれがちょっと考えるよりもはるかに重大な意味を持つのである。あなたは、色彩のもつインパクトに関する研究というものをいままで一度も見聞きしたことがないならば、その分野の専門家によるセミナーを受講しなさい。衣服の色の選択の適否が、その人の与える印象に驚くほどの影響を及ぼすという事実は、実際にそれを体験してみないとなかなか理解

できないものである。

　われわれ法廷弁護士(バリスター)は、何世紀も前から同じユニフォームを身につけているが、だからといって服装のことを考える必要がないということにはならない。きちんとしていない汚れたかつらやぼろぼろのガウンは、あなたが伝統というものをどう考えているのかを雄弁に物語るものであり、これによってあなたが出発点において不利な立場に立つことは確実である。これは、あなたの依頼人にとってフェアなことではない。

　次のルールへ進もう。

相手方弁護士と馴れ馴れしくしているのを見せてはいけない

　このルールは、よく知っている相手方弁護士と法廷で会う時には重要である。法廷の外ではどんなに親しい友人であっても、裁判所の建物の中ではそのことを隠しておかなければならない。普通の礼儀以上のものを示してはいけない。その理由ははっきりしている。陪審員が、偶然法廷の外であなたがあなたの相手方弁護士と親しそうにしているのを見かけたとしよう。そしてその後、その陪審員が、あなたがその同じ人物と法廷の中では対立当事者としてやりあっているのを見たとしよう。陪審員たちは、あなたの誠実さに疑念を抱くであろう。法廷の活動はすべて芝居のようなものなのか？　ゲームか何かか？　もしも、陪審員たちがあなたと相手の弁護士が実際には仲良しグループの一員だと知ったら、すべては裁判所の申立てを利用した練習か何かだと考えるかもしれない。公判は真剣に取り組むべきものである。陪審員が真剣に取り組むのを妨害するようなものは何であれ排除されなければならない。

陪審員抜きに微笑んだり、笑ったり、冗談を言ったりしてはいけない

　何が起こっているのか何がおかしいのかわからないまま、人々が自分の前で笑ったりジョークを言ったりしているのを見せつけられることほど気分が悪く、疎外感を味あわされる出来事はない。

いついかなる時も完璧に誠実に振る舞え

一度でもこのルールに背くと、勝訴の可能性は減ることになる。

伝えることを意図していない視覚的情報を決して伝えるな

これはどういうことかというと、意図的にそうしようとしている場合を除いて、決して驚いているように見られてはならないということであり、悩んでいると見られてはならないということであり、必死であると見られてはならないということである。

　（あなたを勇気づけるために一つヒントをあげよう。初めて訪れる裁判所ではあなたの経験のなさ、臆病さ、そして能力の限界を知る人はあなたの他にはいない。そこではあなたは、十分な経験を積んだ非常に有能な弁護士でありえる。彼らが何も知らないという利点を捨ててはいけない）

以上のルールは、視覚次元のもつ危険に対する防御の必要から自然に持ち上がってきたものである。しかし、それを利用することも可能である。どのように利用するかを考えよう。それは、一つのわかりやすいゴールデン・ルールにまとめることができる。

事実認定者にいつも何かを見せているようにせよ

事実認定者たちは目でものを見るに違いないから、目に焦点を当てよう。

視覚補助道具(ビジュアル・エイド)を用いよ

　前述したように、人は聞こえているものに関連して何かを見せられている時は、そうでない時よりもずっとよく集中して耳を傾けるものであり、統計によると、最大5倍もよく内容を記憶している。したがって、慎重に選んだ証拠物、わかりやすく描かれた図表、大書された文章や句の抜粋を用いるとよい。こうした一群の展示物を事実認定者の前に置いておくと、それが事件全体の進路をしめすロード・マップの役割を果たすことすらありえる。

　検察側はときに優れた展示物を用意するが、弁護側はその機会を逸することが多い。他の点はさておき、もしもあなたが優れた展示物を用意でき、かつ、それを

うまく使いこなせるならば、あなたと事実認定者との関係は、より身近なものになるだろう。「陪審員の皆さん、37頁をちょっとご覧いただけますか」という具合に、あなたがイニシアチブをとる行動に陪審員たちを参与させることができる。こうすることによって、あなたと陪審員たちとの間に流れるエネルギーは否応なく高まる。

できるならば、こうした展示物は、公判準備期日が開かれる前に用意しておき、裁判所の許可を得られるようにしておくべきである。こうしておけば、公判中あるいはその直前に、相手方の異議が認められた部分を破りとる作業をしなくても済む。

ビデオがあるなら法廷に持ち込むべきである。何かの模型があるならそれも持ち込むべきだ。とくに分解できる模型がよい。法廷に持ち込むものは多ければ多いほど良い。彼らに何かしら見るものを与えるのだ。

同じように重要なのは、

事実認定者とのアイコンタクトを忘れるな

ということである。しかし、これはやりすぎてはいけない。動物の王国では、直接見つめることは脅威と見なされており、人間もその例外ではない。定期的に目くばせするだけで十分である。うさん臭く見られない程度に十分な時間、そして脅威に感じられない程度に短い時間、あなたは眼差しを事実認定者の目に向けるのだ。このやり方で得られるのは、彼らとの接点を保つことだけではない。通常あなたは多くのフィードバックを得られる。このフィードバックによって、あなたは自分の仕事ぶりを推し量ることもできる。

もう何年も前のことだが、スネアースブルックでの出来事を私は忘れることができない。信じがたいことだが、私の相手方弁護士は、1週間の公判のあいだ中一度も陪審員の方を見なかった。陪審員の方に体を向けなければならない時、彼は自分のメモを見つめるか、あるいは、頭をのけぞらせるのだった。そうすると陪審員は彼の白目しか見えない。非常に興味深い体験であったが、陪審員は明らかに困惑しつづけていた。

いつかあなたが裁判官に任命される時がくれば——そして、イングランドとウェールズでは記録官や補佐官やあらゆる種類の補助者を用いるのでその機会もあるだろう——いずれにしても、そのような立場に立つと、いかに多くのものを見ることができるかを知って驚くであろう。公判弁護士も、そして彼らの代理人である事務弁護士も、実にしばしば、自分たちの事件の筋の善し悪しを示唆してしまうし、そのために、普段なかなか気づかれないような事柄に注意を引き寄せてしまう。気をつけよう。

　視覚の次元の話はこれで十分だろう。その重要さを理解すれば、あなたは自分でその危険から身を守る一方で、その利点を利用する方法を編み出すことができるだろう。いろいろ工夫してみよう。

　3次元の最後は、これまでの2つがそれぞれ違うように、まったく異なった次元のことである。さあ、次の極めて根本的な真実を見てみよう。

第3の次元

人々は弁護士を嫌っている！

　われわれ弁護士は、何世紀もの間人気投票の最下位あたりを低迷している。死刑執行人、馬の仲買人、借金取立人などと競い合っている。イギリスではアメリカほど悪くはないが、それでもあの忘れがたい古風な制服に身を固めた法廷弁護士に対する尊敬の念は、かつてのそれとは比べるべくもない。公衆はいまだにわれわれが大金を稼いでいると思っているが、かつてほどわれわれを丁重に扱わない。公衆の一部は、法律専門家全体に対して不信感を持っている。弁護士について語られた言葉を見てみよう。14世紀の農民一揆の時代に溯ってみよう。最初に暴徒が目指したのはインズ・オブ・コート [訳者注：法廷弁護士の自律団体であり、法曹教育と懲戒を行う。リンカンズ・イン、インナー・テンプル、ミドル・テンプル、グレイズ・インの4つがある] であった。彼らはそれを焼き討ちにした。そして、ある同時代人はこう語った。

「年老いたよぼよぼの連中が、ねずみどもと一緒にすばしっこく逃げまどう姿の驚嘆すべきことよ！」

　18世紀、まだ「ソリシター」[訳者注：solicitor, 事務弁護士のほか、押売りのような意味もある] という称号ができる前の話。サム・ジョンソン博士は言った。

「陰にまわって人の悪口を言うのは私の趣味ではないが、しかし、あの紳士は弁護士に違いない」

　19世紀、ジョン・シモン卿の言葉。

「公衆は、弁護士というものを、ひどく水増しされた報酬を得るために、まったく信頼の置けない方法を使って真実を歪めることを生業としている、どちらにでも転ぶ卑劣漢と見ている。弁護士は偽善者に違いないと思われている」

　もう一つ、19世紀の例。今度はジェレミー・ベンタムである。

「高等法院の中にある事務室を訪ね歩く当事者たちは、さながら居並ぶ蜘蛛ど

もの間を這いまわる半ば餓死しかかった蝿のようである」

あるいは、あるイギリスの事務弁護士が依頼人に送った請求書。

「あなたと事件の打ち合せをするためにストランド通りを渡ったこと：6ポンド8ペンス。それがあなたじゃないことがわかってストランド通りをもう一度渡って戻ったこと：6ポンド8ペンス」

20世紀においては反・弁護士のジョークを集めて1冊の本を作ることもできる。弁護士は心から嫌われた職業なのである。人々はわれわれを恐れている。いろいろな意味で彼らはわれわれを軽蔑している。「法の不知は、敗訴した弁護士の報酬請求に対する抗弁とならず」

この悲しくももっとも根本的な真実からいかなるゴールデン・ルールが浮かび上がるか。どのようにしてこの偏見と戦うか。わずか3つのルールを示そう。

あくまで真実にこだわれ

いかなる事件であっても、絶対的な誠実さをもって処理する方法が必ずあるものだ。弁護士が二枚舌を使わなければならない理由などまったくない。誠実に自分の事件を組み立てる方法を探しなさい。何はさておき、陪審というものが作り上げる複合的な精神は、不誠実さに対して信じがたいほどの嗅覚を持っている。彼らに対して信じるよう求めていることを、あなた自身が信じていないとすれば、陪審員はいずれそれを必ず察知するだろう。

あまりにも多くの弁護士がこのことに気がついていない。究極的な誠実さをもって公判弁護をする道がない場合は、和解をしたり有罪答弁をしたり、あるいは別の人にそれをやってもらうということになる。しかし、必ずそうしなければならないというわけでもない。どんな事件でも誠実に公判弁護を行う方法がある。それを探すことだ。

たとえばある刑事事件を考えてみよう。あなたは極めて不利な証拠を突きつけられている人を弁護している。彼の話はとても信じられない。彼を証言台に立

せることは論外である。あなたはどうしたらよいか？　証明責任に助けを求めるしかない。何人(なんびと)も合理的な疑いを容れない程度に罪を証明されるまでは有罪とされてはならないということの重要さをあなたは繰り返し力説するのだ。あなたは合理的疑いとは何かを説き、検察側の証拠によって有罪以外の選択はありえないというところまで陪審員が追いつめられない限り、彼らは無罪の評決をしなければならないと彼らに説明する。誤判というものがいかに大きな災厄かを彼らに描写してみせる。過去の冤罪がどのように起こったかを物語る。神を畏れず、証明責任というものを真剣に考えないと、個人の安全がどのような事態に立ち至るかを知らしめる。こうしてもなお、あなたの依頼人が有罪評決を受けたというならば、彼はほぼ確実に有罪なのである。いかなる場合においても完全に誠実に弁護をする方法はある。それを見出し実践すべきである。

人を操っているように見られるな

人は誰でも、他人に操られている時どんなふうに感じるかを知っている。5歳の娘に操られているならば、それは魅力的なことであろう。そうでないほとんどの場合は、それは不快なことである。もしも陪審員があなたに操られていると感じているとすると、彼らはあなたの行動はあらかじめ仕組まれたものであると感じるようになり、それゆえに彼らはあなたを信用しなくなるだろう。また、証人を操っているようにも見られないように気をつけよう。

弁護士らしく話してはいけない

これは簡単なことではない。とくに法廷弁護士にとってはそうである。何年もの間、われわれは聞いたことのない法律用語を学び、独特の考え方を学んできた。それこそまさにわれわれ自身のボキャブラリーである。われわれはそれを好んで使っているし、それは有益でもある。

「サリバン弁護士」
控訴裁判所長官は尋ねた。
「あなたの依頼人は、"in pari delicto potior est conditio defendentis"（共に等しき過失がある時は、被告優位に立つ）ということを聞いたことがないのか？」
「長官殿」

アイルランドの偉大な弁護士は答えた。
「私の依頼人が羊飼いとして働いておりますキラニーの山間の村では、少々異なったことを話し合っております！」

法律用語を使うな！ 陪審員を前にした時には、必要な時以外では決して法律家の言葉づかいをしてはならない。人は発動機付き車両を操縦するのではなく、車を運転するのだ。彼らは契約上の対価関係を承認するのではない。彼らはアルコール性飲料を摂取するのではない。普通の人々にとって「日の終わりに」(at the end of the day)というのは職場を離れる時か就寝する時のことである。もしもあなたがこの語句を「何か思いついた時はいつも」という意味に用いるとすれば、それは弁護士らしい表現かもしれない。しかし、人々はあなたが何を言おうとしているのかたぶんわからないだろう。

われわれの業界につきものの長い待ち時間の間に、ゲームをしてみよう。弁護士たちが使っている言葉で通常の表現で完全に言い換えることができるもののリストがどのくらいになるか。今日からあなたの言語を検査してみよう。弁護士っぽく聞こえるものはすべて捨て去ろう。別の言い方で自分の言いたいことを言おう。真剣に努力してみよう。なぜなら、これはとても重要なことだからである。ここでのゴールデン・ルールは簡単だ。絶対に必要な時以外に決して弁護士らしく話してはならない。

さて、以上が3つの根本的な真実であり、あらゆる公判弁護が行われる現場に存在する3つの次元である。しかし、実生活にはもう一つ特別のもの、第4の次元がある。そして、それは法廷にも大いに関係がある。

第4の次元

時間

　時間。あなたの時間。私の時間。あなたが多少なりとも成功した職業人であるならば、それは高価で価値あるものである。弁護士のうちのある者は、時間によって自分の収益を計算する。弁護士にとって時間は敵であり、給与支払人である。時間は、口うるさい女主人であり、嫉妬深い愛人であり、刑務所の看守であり、奴隷監督人である。

　それは伸び縮みする。10分間愛し合うのと、10分間歯医者の椅子で歯に詰め物をしてもらうのとを比較してみなさい。そして、考えてみなさい。陪審員席のなかで5時間もへたくそな要領の悪い弁論を聞かされることが、どのくらいつらいかを。ほとんどの陪審員にはもっと他にやることがある。われわれは彼らに十分な支払いをしていないし、彼らは公的な義務を果たすために自分の時間を捧げているのだ。彼らは、法廷の合間に大急ぎで所用を済ませて、また席に戻り、あなたの話しに耳を傾ける。そう、彼らはあなたの話しに耳を傾ける。何時間も、来る日も来る日も、そしてときには何週間も。

　裁判官はどうか。彼らが廊下の向こう側でいつもどのくらい待たされているか、あなたは知っているか。次々に来る事件を処理するためにどのくらいの書類に目を通さなければならないか、あなたは知っているか。

　これが第4の次元である。そこであなたは公判弁護の職務を行うのだ。そして、このことを忘れると、どうなるかをよく考えよう！　あなたが彼らの時間を無駄にしていると彼らに感じさせようものなら、彼らはあなたに怒りを覚えるだろう。そして、事実認定者を怒らせるということは、事件に半分負けたのと同じである。このことはたいていの弁護士が考えているよりも、ずっと重要なことである。

　事態はずっと深刻なのである。経験のない法廷弁護士がこの第4次元の問題を理解していないというだけではない。この問題の処理を困難にするプレッシャーが、われわれ全員の肩にのしかかっているのであり、われわれはたいていそのプレッシャーに負けてしまう。プレッシャーは2つの方向から来る。

第1のプレッシャー

あなたには依頼人がいる。ほとんどの場合、依頼人は法廷内にいて、一部始終を注意深く聞いている。適切に弁護されていると依頼人が感じられるようにしなければならない、という甚大な責務をあなたは感じている。だからこそ、あなたは反対尋問の際にはできるだけたくさんの質問をして、膨大な量の速記録に仕立て上げて、依頼人への責任を果たそうとするのだ。そうしておかないと、依頼人はあなたが自分のために最善を尽くさなかったとか、見くびったとか、裏切ったとか思わないだろうか？

実際そのとおりかもしれない。つまり、依頼人もあなたと同じように間違っているのだ。この点は、あらかじめ依頼人によく言って聞かせなければならない。これは弁護士と依頼人との間に展開される**秘密の弁護活動**に属する。あなたは彼女に第4次元のことを説明し、理解させなければならない。そして、簡潔さこそあなたの秘密兵器であることをわからせなければならない。事実認定者があなたに向ける注意の質の高さを知った時、依頼人は何も心配しなくなるだろう。しかし、そのことをすべて事前に彼女に説明しておくことを決して忘れてはいけない。

第2のプレッシャー

あなたに時間を無駄使いさせようとけしかけるもう一つのプレッシャーは、あなた自身がもつ不安にほかならない。ちょっと不正確だったのではないか、まだ説得力が不足しているのではないか、まだすべてのポイントを十分に言い尽くしていないのではないか、そうあなたは思い込む。こうしてあなたは、同じことを何遍も繰り返すのだ。こうした恐怖、不安は大いに理解できる。われわれは、皆この恐怖におののき、プレッシャーを感じるのである。

しかし、それに負けてはいけない。

繰り返すな

両手にしっかりと勇気を握り締め、できる限りはっきりと語るのである。そして、2度と繰り返すな。ごくまれにこのルールに対する例外があるが、それは後に触れる。

さて、先に進む前にもう一つだけ指摘しておくことにしよう。時間の次元を利用することは可能か？　視覚の次元についてわれわれはそれが利点であると同時に、危険を伴うものであることを見てきた。そして、どうやってそれをうまく活用するかを考えてみた。時間についても同じことができるだろうか？　もちろんできる。そして、それは実に簡単なことだ。

　事実認定者に時間こそあなたが気にかけているものであるということを思い出させるような語句を、折に触れて挿入するだけでよい。

「証人に、できるだけ手短にこの点について質問をしたいと思います」
「さて、もうこれ以上この点について時間を費やしたくありませんので、次に行きましょう」
「さあ、急いで別の問題に移りましょう。あなたに伺いたいのは……」

　これらのフレーズをそのまま用いる必要はない。似たようなものであれば、大丈夫だろう。要するに、毎日、できれば1日に2回、裁判官や陪審員にあなたが時間というものの大切さを知っているということを伝えるのだ。彼らの時間を無駄にしていないということを。こうしてあなたは、彼らの信望を得ることができる。

THE MANDATORY RULES

必修ルール

すべての弁護活動に当てはまるゴールデン・ルールを検討する前に、必修と見なさなければならないいくつかのルールについて、少し考えてみよう。これらのルールは本当に守らなければならないものである。もし、あなたがこれを破れば、あなたは自分がプロの法律家でないことを世間に曝すことになる。もしも、そのうちのいくつかのルールが破られたならば、再公判を開かなければならないほどに重要なものである。必修ルールは非常に数が少ないので、知らなかったという言い訳は許されない。それらはどんなものか？

必修ルールその1

弁護士は法廷で自分の意見を述べてはならない

　このルールは、イギリスの修習制度のもとではきちんと教えられているが、アメリカではしばしば破られている。しかし、もう一度このルールを徹底することは大事なことであると思う。基礎的な概念のいくつかを検討してみよう。第1に、公判を行う弁護士は資格を与えられた職業人であるということ。あなたは論争の一方のみを代表するためにそこにいる——雇われた闘士のように。自分の役割を考えてみよう。その限界は何か？　あなたがそこにいるのは、できる限り効果的に証拠を提出し、提出された証拠を吟味し、意見の食い違いがある時は、関連する法について弁論を行い、そしてできる限り魅力的にすべてのことを要約するためであるということに尽きる。事件の実質的な内容についてのあなたの意見が、この過程に介入する余地はまったくないのである。少し脇道に外れることを許してほしい。

　このごろタクシー乗り場ルール(the cab rank rule)[訳者注:法廷弁護士は原則として事件の依頼を拒むことができないという規則。タクシーの乗車拒否禁止のルールになぞらえてこう呼ばれる]について論じられることが多いが、それはわれわれの先達を恐れさせたやり方で適用されてきた。このルールは、それが採択された当初は金銭や報酬とはまったく無関係な規則であった。それは、人気のない被告人が公判で誰からも弁護を受けられないという事態を回避するために生まれたのである。すなわち、あなたが自分の専門に属する事件を申し出られ、その依頼人があなたが通常請求する報酬を支払う意思があり、そしてあなたの予定表にその事件を受け入れる余裕があるならば、あなたには選択の余地がないということである。あなたはその事件を受任しなければならない。受任を拒否すれば、懲戒されるだろうし、資格剥奪もありうる！　事件を受け、依頼人のためにベストを尽くすことこそ、あなたの義務である。自分が弁護している人が勝者なのか敗者なのかを考えることは、まったく不適切な事柄である。

　このルールのおかげで、弁護士は法廷にいる誰からも、「あなたは実際のところ自分の事件の実体についてどう考えているのか」と尋ねられて困惑させられることはないのである。何年か前のこと、ある裁判官が困難な特許訴訟の審理をして

いた。いずれの側の代理人も、その分野に関しては全国的に名の知れた専門家であった。その裁判官は、困難な争点と長い間格闘した挙げ句、ついに絶望してペンを投げ出し、弁護士の方を見た。「S——さん」彼は言った、「本件についてあなたが実際のところどう思っているのか、知ることができたらよいのに！」彼は、それを知ることができなかった。弁護士は、論争の一方の当事者を援助するために存在するのである。弁護士自身が自分の意見を述べることは許されないのである。

　もう一つ短い例をあげよう。アメリカ独立革命の扇動者、トム・ペインは政治的な訴追を受け、イギリスで裁判にかけられた。彼の弁護を担当したのは、当時を代表する法廷弁護士、トーマス・アースキンであった。個人の自由が裁判の主題であった。今日ではあまり知られていないが、実際には、アメリカ大陸入植者たちを支持する人々がイングランドにはたくさんいたのである。ある時、激情にかられてアースキンは裁判官に言った、「ところで、裁判長、わたしは弁護人の役割をおいて、1人の人間としてあなたに言いたい！」この裁判を主宰していたキャンベル卿は、すぐさま弁護人を押しとどめた。「そんなことをしてはいけません」と彼は言った。
　「この法廷にあなたがいることが許されるのは、ただ一つ、弁護人としてのみなのですから！」
　この裁判官は完全に正しい。
　しかし、このルールはアメリカでは常に破られている。

　「レディース・アンド・ジェントルマン、今までの証拠をお聞きになれば、皆さんが原告勝訴の評決に達することに何の困難もないものと、われわれは思います」
　「レディース・アンド・ジェントルマン、皆さんはファギン氏の証言は十分信用できるとの結論に達すると、私は思います」
　「われわれは、皆さんが疑問の余地なく……」

　幸せなことに、イギリスの弁護士は、このような掟(おきて)破りはしない。事件の実体についての見解を述べることは、あなたの仕事ではない。そうすることによって、あなたが陪審の領分をおかしていると彼らが感じとる現実の危険性がある。しかし、本当の落とし穴は裁判官に対する影響にある。このルールを破れば、あなたはプロの法律家ではないとの烙印を押される。それは、あなたがいままでに一度も

このルールを知らなかったこと、そしてあなたが自分の職業をちゃんと理解していないことを示す明々白々たる証拠である。こうして、裁判官は、あなたの能力に疑問を抱き、あなたが他にも何か誤りをおかすのではないかと用心し、あなたが信用するに値しないのではないかと疑うようになる。そして、裁判官がそう考えはじめると、相手方が異議申立てをする時に彼があなたに不利な裁定をする可能性が高くなることは確実である。あなたは、相手方に有利な方向に裁判官の公正の秤(はかり)を傾けてしまったのである。

どうしたらよいか？　このルールを守りアマチュアの烙印を押されずに、しかも正直な態度を示すにはどうしたらよいか？　それはとても簡単なことである。事件の実体ついて何か話す時には、「私は思います」とか「私は信じます」とか「私の意見はこうです」という言葉を用いないようにすればよいのである。「皆さんは……と確信されるであろうことを、私は信じます」という代わりに、「この証人が証言することをお聞きになれば、皆さんは……と確信するに違いない」と言えばよい。「われわれは感じる(We feel)」と言うのではなく、「われわれは希望する(We hope)」と言うのである。あなたはその部分を低く、抑揚のない声で言い、それに続くセンテンスの核心部分を際立たせる。あなたはあなたの正直さと弁論の効力を何ら減殺されることなく、要するにあなたが「ノー・オピニオン・ルール」を知る弁護士であるという隠されたメッセージを直接裁判官に伝えることができるのである。あなたが自分の職業を知っているというメッセージを裁判官に伝えること、しかも公判のできるだけ早い時期にそれを伝えること、それがとても重要なのである。

このルールを説明するためにずいぶんと紙幅を費やしたが、それはこのルールが非常に重要だからである。その他の必修ルールはずっと手短に扱うことができるだろう。次のルールは言わずもがなであるが、しばしば破られているのを私は目撃しているので、ここではっきりさせておきたい。

必修ルールその2

弁護士は証人になってはならない
また、証人のように振る舞ってもいけない

　私が言おうとしていることがどんなことなのか、例をあげて説明しよう。18年ほど前にある修習生[訳者注：pupil, インズ・オブ・コートに所属し試験に合格すると法廷弁護士（バリスタ）の称号が与えられるが、実務に就く前に先輩バリスターの下で1年間の修習（pupillage）をしなければならない]が私がやっていた事件を担当することになった。その事件で私は1人の被告人を弁護し、彼は別の被告人を弁護した。陪審による刑事公判だった。彼はすばらしかった。彼は木の葉のように震えながらも巧みな反対尋問をした。彼は証拠法の権威であるかのように、証拠の許容性について弁論した。私は彼を誇らしく思い、彼がどんな最終弁論をするのか楽しみであった。彼の弁論もすばらしい出来だった。が、突然彼は言い出したのだ。
　「そして、陪審員の皆さん、私は私の依頼人と昼食時に話をしたのですが、その時に彼が私に語ったことには……！」
　裁判官の眉毛が飛び上がった。相手方は飛び上がって、異議をまくしたてた。私は修習生のガウンを引っ張り、彼の耳元でシーッ！　と言った。彼はすばやく話題を変えたが、陪審員が退廷した後に本当に困惑した表情で私のもとを訪れた。
　「どこがいけなかったんですか?」
　私は説明した。
　「あなたはそれを事前に教えてくれなかった」と、彼は責めるような口調で私に言った。私は、こうして、私にとって当然のことが誰にとっても当然というわけではないことを学んだ。しかも、それは本にも書いてないことだった。だから私はこれを必修ルールの中に入れたのだ。証言は証言台から提供されるものであって、弁護人席からではない。例の公判は偶然にも私の修習生にとって良い結果に終わった。彼の依頼人は無罪放免され、私の依頼人は有罪となった。この体験談は次の必修ルールをもよく説明している。

必修ルールその3
最終弁論では証拠に基づく事柄しか述べることができない

　どれほど厳密にこのルールに従わなければならないか？　最後の締めの言葉に風味をつけるために一般論を述べることは許されないのだろうか？　たとえば、環境訴訟でこの地球が直面している生態系の危機についてコメントしてみたいし、薬物事件では密売人との戦いにおいて当局の採っている方策が失敗であることを指摘したい。こういうことは許されないのだろうか？　どのような一般的なコメントをするためにも、その前に証拠を提出しておかなければならないのだろうか？

　いや、もちろんそんなことはない。あなたは、いつでも世間の常識に属する事柄を話すことはできる。いつでも、聖書の1節に言及することができるし、シェークスピアやマーク・トゥエインを引用することができる。バーミンガムがどこにあるかを証拠で証明する必要はない。けれども、もしもあなたがバーミンガム市の中心街からチャリング・クロスまでの正確な距離を指摘したいならば、あらかじめ証拠調べの段階でその点に触れておかなければならない。たぶん、あなたは裁判官にその距離が「裁判所において顕著である」と認定してもらい［訳者注：judical notice、顕著な事実について裁判官にあらかじめそれが事実であることを認めてもらい、立証を省略する制度］、証人を呼ぶ手間を省くことはできるだろう。しかし、何らの証明もなしにそのような細部に言及することは許されないのである。境界線はほとんど常に明らかである。あなたが必修ルールを知っていれば、何の困難もないだろう。世間の常識に属することを除いて、あなたは証拠に基づく事項しか発言できない。そういうことなのである。

必修ルールその4

相手方証人にこちらの主張事実を「ぶつける」のを忘れるな

　このルールは、イギリス独特のもので、アメリカの弁護士には理解できない「イギリス流」公判弁護の源である。あなたは、依頼人や自己側証人が証言するだろう事柄をあらかじめ正確に知っていなければならない。そして、もしもその内容が相手方証人の言うことと異なっている時は、反対尋問をする際に自己側証人の証言内容を相手方証人に「ぶつけ」なければならないのである。これはちょっと変わったルールではある。イギリスの公判弁護士は、事前に証人と話をすることができない。だからわれわれは、事務弁護士が準備した「証言準備記録」に拠って証人がどんな証言をするか予測しなければならない。しかし、それが十分に準備されている場合もあるし、そうでない場合もある。それにもかかわらず、もし、自己側主張事実を相手方証人に「ぶつける」のを怠ると、裁判官から、そしてたぶん相手方代理人からも厳しく指弾されることになるだろう。反対尋問の際に自己側主張事実を「ぶつける」のを怠り、相手方証人に反論の機会を与えなかったとすると、自己側証人の証言とは反対の事実が推定されてしまう。もし、あなたが「ぶつけ」損なった事実が本当のことだとすると、結局、偽証を見過ごすことになるのである。

　この必修ルールのおかげであなたはいかにも弁護士らしい物言いを身につけるかもしれない。「私があなたにぶつけたい話は……」というのがわれわれの業界における究極のもったいぶった言い方である。だから、実際にはこんな言い方をしなくてもよいということを覚えておいた方がよい。相手方証人に当方の主張事実を知る機会を与えさえすればこのルールの要請を満たしたと言えるのである。したがって、「スヌークスさん、あなたが色付きペンで帳簿の数字を書き換えたというのが真相ではありませんか？」という聞き方をすればまったく問題はない。

　このルールは証人と論争しているように見られてしまう危険をはらんでいる。この点については細心の注意が必要である。こちらの主張をぶつける時は、静かに落ち着いて、たとえ否定されても決して驚いたりしてはならないし、できる限り簡潔にやらなければならない。

必修ルールその5

被告人の前科や示談交渉に言及してはならない

　これをやると、公判をやり直さなければならなくなる。ごくごく限られた状況で、このルールには例外がある。複数の被告人同士が責任をなすり付け合う刑事事件では、お互いに他の被告人の前科に言及することが許される場合がある。ごくまれに検察官が被告人の前科を証明することができる場合がある。たとえば、火器の不法所持の事件である。しかし、こういった事件では証拠法や刑事手続法の法律問題が絡むので、あらかじめ細心の法令調査を行い、かつ、裁判官の事前の許可を受けるべきである。それを怠って、名声に傷をつけるような冒険をおかすべきではない。

　同様に、示談申出の事実を公判に提出できる事件もありうる。この場合も、法廷で口を開く前に、慎重な法令調査に加えて裁判官の事前の許可を得ておかなければならない。

　昔アクスブリッジの郡裁判所で事件の順番待ちをしていた時、私より数年年上と思われる、立派な若者が法廷で立ち上がるのを見た。彼はむとんちゃくにも、前任の弁護士がへまをおかしたために、その事件を自分が担当することになった経緯を裁判官に説明していた。

「裁判長、不幸にして」
と、彼は笑みを浮かべながら言った。
「私の前任者が間抜けにも、担当裁判官に向かって、750ポンドの内金が支払われた事実を告げてしまったのです。そのおかげで、事件は別の裁判官に配点変えされなければならなかったのです」
「なるほど」
と裁判長は言った。
「それでこの次はどの裁判官に配点変えされるのがお望みかね？」

必修ルールその6

自分の証人の口に言葉をはめ込んではならない

　このルールを別の言葉で言いかえると、自己側証人に対しては誘導尋問をするなということである。しかし、証人の口に言葉をはめ込んではならないというルールだと考えれば、何が誘導尋問で何が誘導尋問ではないかという面倒な問題を棚上げにしてしまうことができる。とりあえず、その問題を片づけよう。いますぐにこの点をはっきりさせてから、もっと面白そうなゴールデン・ルールの話に行くことにしよう。誘導尋問とはそもそも何か？　それは質問自体の中に答えがある質問である。イエスかノーかで、あるいは肯くか首を振るかで答えられる質問である。

　「あなたは今27歳ですね？」
　「ウン」
　「あなたはサウスウェールズのブリッジランドで生まれた？」
　「ウン」
　「フォークランド戦争で戦ったんですね？」
　「ウン」
　「そして負傷した？」
　「ウン」

　どの質問も答えを含んでいる。証人はただ同意するだけだ。これらの質問から答えの部分を取り除いてしまうと、こうなる。

　「おいくつですか？」
　「27歳です」
　「どこで生まれたのですか？」
　「サウスウェールズのブリッジランドです」
　「フォークランドで何かしたことがありますか？」
　「私は戦争に参加しました」
　「参加してどうしました？」
　「負傷しました」

うなずいたり首を振ったりして答えることができるからといって、その質問が誘導尋問であるとは限らない。しかし、その逆は常に正しい。つまり、誘導尋問は、必ず、うなるか、うなずくか、首を振るかで答えることができる。誘導尋問は常に、証人に対して質問自体がもつ情報を採用するか拒否するかの機会を与えるのである。

　誘導尋問のいったい何がいけないのか？　なぜ、自分の証人に対して誘導尋問をしてはいけないのか？　なぜなら、誘導尋問によれば、証言は証人の口からではなく、弁護士の口から提供されることになるからである。それは必修ルールその２――弁護士が証人になってはならない――に違反する。しかし、それはもっと重要な２つの理由から禁止されるのである。

　第１に、もしも証言があなたによって提供され、証人はただそれを受け入れているだけだとしたら、どうやって事実認定者はその証人の信憑性を評価することができるのだろうか？　彼らがイエスとノーの連続しか聞くことができないとしたら、何の手がかりもないだろう。あなたの証人は人材派遣会社から派遣された人物で裁判所に来て、適当なところでイエスかノーかを言っているだけかもしれない。

　第２に、自分の証人の口に言葉をはめ込むことで立証を済まそうとすれば、証人の証拠価値を破壊してしまうことになる。証人の価値を薄めてしまい、遂には無価値なものにしてしまう。公判終了後にインタビューを受けたアメリカの陪審員（アメリカではこれが許されているばかりではなく、裁判官はそうすることを奨励している）のこの点についての回答は驚くほど明瞭である。彼らは誘導尋問によって得られた証拠が無価値であることを容易に見抜いてしまうのである。陪審員にとって、証人が単に弁護士の望むとおりの答えをしたにすぎないことは明らかなことなのである。こうして、この出来事が彼ら陪審員に、無意識のうちに、時には意識的にも、第３次元を思い起こさせるのである。すなわち、人々は弁護士を嫌っているということを。人々はわれわれを信用していないのである。自分の証人にあなたが言って欲しいことを言わせているだけだと陪審員に感じとらせることによって、あなたは証人の証拠価値を破壊してしまうだけではなく、陪審員の怒りに火をつけてしまうのである。どっちにしてもあなたは負けである。したがって、自分の証人の口に言葉をはめ込むなというのは、必修ルールであると

同時に、明らかに、法廷弁護のためのゴールデン・ルールの一つでもあるのだ！このルールにはいくつかの例外があり、自己側証人に誘導尋問することができる場合も相当あるが、その危険性は認識しておかなければならない。誘導尋問が許される場合であっても、細心の注意をもって行わなければならない。

　以上で必修ルールの説明は終わった。さあ、今度は劇場に行こう。

ADVOCACY AS THEATRE

演劇としての法廷弁護

次の会話を読んでみなさい。

「陪審員の仕事はどうだった？」
「よかったよ。テレビを見ているよりましだった」
「でも退屈だったでしょ」
「退屈だって？　とんでもない。まるで劇場にいるみたいだったよ」
「けど、結論を出すって、難しいんじゃない？」
「全然。評決に達した時には、誰もがそれを当然の結論だと考えたよ」
「もう一度やりたいと思う？」
「当然だよ！」

　こんなの架空の会話だろうって？　とんでもない。あなたのやった公判の陪審員も、後で友人にこんなふうに話をすることだろう。このことは既に述べた。繰り返すという私自身のルールを自分で破ることになるが、あなたは資格を得たプロの職業人だ。そして、法廷というのは劇場なのだ。そこで演じられるのはプロの演劇作品でなければならないのだ。あなたの仕事は法廷をプロの演劇作品にすることである。アマチュアの学芸会ではない。そのことを肝に銘じておこう。

　もしも、あなたの内部に役者の要素がないならば、あなたは法廷弁護士を目指すことはなかっただろう。あなたは別の分野の弁護士になるか、あるいはまったく違う仕事についていたはずだ。法廷を目指すということは、プロの舞台を目指すのと同じことである。ウエスト・エンドの芝居か、テレビドラマを目指すのとまったく同じことなのだ。まずこの事実を認めなさい。あなた自身の中に舞台俳優にあこがれる気持ちがなければならない。もしもそれがないならば、法廷弁護士になるのは辞めた方がいい。なぜなら、われわれは舞台俳優志望者であり、そのことを正直に認めているのであって、それゆえに、あなたよりもはるかに優位に立つことになるからである。もしも、あなた自身の中に役者を見つけることができないのであれば、他の分野の法律業務、不動産の賃貸とか契約書の作成などに志望を変えなさい。事務所に引っ込んでいた方が安全だ。そこでは、立ち上がって口を開くたびにせりふを思い出す必要もないし、裁判所に行くたびに勇気を起こす必要も、そして公衆の面前で屈辱を味あう危険もない。

　法廷弁護は、法という刃物の切っ先である。そこで本物の戦闘が繰り広げられ

るのだ。法廷弁護士としてあなたは恐怖とどう戦うかを学ばなければならない。なかなか消え去らない恐怖——誰しも思いもよらない恐怖と付き合わなければならない。本物の法廷弁護士になるためには、役者に、しかも勇敢な役者にならねばならないのだ。

　これは、あなたに言っておかなければならないことである。そして、あらかじめ知っていなければいけないことなのである。これは本当の法廷弁護とは何かについての、最も基礎的な最低限の真実である。そこには最も厳しい法律家の現実がある。勇気と想像力が要求され、そして唇が乾き泣き出したくなるその時に、立ち上がり前進する力が求められるのだ。しかも、それを決して表に出すことなく、また、それが決してあなたの心と精神を打ち砕くことのないように。

　もしも、あなたが法廷弁護士になる意思を固めたならば、ここに最も重要なゴールデン・ルールがある。

**全力をつくせ。手抜きをするな。
全身全霊を捧げられないならば、転職しなさい。**

　必要な学位は得た。すべての試験にパスした。いうまでもなく、あなたは社会でもっとも知的な人々の一員である。あなたが本気で第一級の法廷弁護士を目指して精進するならば、あなたは間違いなくそれを手に入れるだろう。しかし、精進を怠れば、決して二流以上にはなれないだろう。他のすべてのゴールデン・ルールはこのルールの下位に属する。

　法廷弁護士事務所の所長をしていた時、私は、勤務弁護士や修習生として応募してきた若者にできるだけ多く面接した。それは、時として失望を味あわされる体験でもあった。彼らの多くは、はっきりした理由を持たずに法廷弁護士を志望していた。彼らは、弁護士や弁護技術についての偉大な書物を何一つ知らなかった。この主題に打ち込もうとするにはほど遠く、それがいったい何なのかを真剣に考えようとすらしていないあり様であった。裁判所に行って公判を見てみようという好奇心すらない者が多かった。それは彼ら自身にとっても、またイギリスの弁護技術の将来にとっても、不吉な前兆である。彼らの多くはいま法廷で仕事をしているが、彼らや彼らの同類たちは、この仕事を真剣に考えている若い法廷

弁護士たちにとってはまともな競争相手になっていないのである。

　アマチュアリズムは、イギリス人にとってはいまだに賞賛の的である。われわれには、無頓着であることや努力せずに優位に立つことを好む傾向がある。そして、何事につけ一生懸命に努力するのは紳士らしくないといまでも考えられている。この国民性が何に由来するのかなどということは、どうでもよいことである。——興奮しやすいと言われるフランス人との間の数世紀にわたる確執と何か関係があるのかもしれないが。問題なのは、アマチュアリズムに対してわれわれがいまでも文化的な、むしろ生来的とすらいえる尊敬の念を抱いているということである。このことは、われわれに深刻な危機をもたらす。表面上何の努力もしていないように見える時でも、水面下では膨大な量の集中的かつ献身的なハードワークが潜んでいるのが通常なのである。けれども、このことは表面に現れないので、傍観者は無頓着なパフォーマンスを見て準備も無頓着なのだと誤解してしまうのである。

　こうした落とし穴に落ちない努力をしなさい。自分の弁護技術というものを真剣に考えなさい。この主題に関して、可能な限りあらゆるものを探し出し、読んでみなさい。斜め読みで十分なものもあるだろうし、非常に面白くためになるものもあるだろう。

　わたしの話が、信仰復興派の伝道師の説教のように聞こえたら許してほしい。いまイギリス人は、いくつかの危機的な事態に直面している。これから先のわれわれの生活を、変化と不安定が襲うことになるだろう。そうすると、政府は権威主義に大いに依拠してこれに対処しようとする可能性が高い。われわれの自由というものが生き残るためには、かつてないほどに勇気のある熟練の弁護士が必要とされるであろう。本当の献身が求められるのであり、この仕事に対する真剣な取り組みによってこそ、それは達成されるであろう。

　弁護技術一般に対する取り組みが重要であるのと同様に、個々の事件への献身もまた重要である。この制度が必ずしも常に濃密な準備をする機会をもたらすものではないことをわたしも知っている。文字どおり、裁判所への道すがら書類を読むだけで十分なことも時としてある。しかし、いつもそうとは限らない。そして、法廷に立つ日の前の晩に決まりきった書類に目を通すことに飽き飽きしたと

しても、手を抜こうとする誘惑とは断固として戦わなければならない。そして、濃密な準備を必要とする機会が訪れた時には、その実力を発揮しなさい。

そうした努力は必ず報われる。あなたは事件では負けるかもしれない。しかし、最初から最後まで裁判官と陪審員に感銘を与えつづけるだろう。これ以上にはっきりと伝わるものは他にない。明白な準備に裏打ちされた、事件に関する詳細を極めた知識は、終始輝きつづけるものであり、常に尊敬の念を呼び起こさざるをえないのである。法廷弁護にとって最も重要なものは何かと問われた裁判官は、繰り返し繰り返し、「事前の準備だ！」と答えている。これこそ最良の投資である。これに代わるものはない。準備不足というものは必ず見破られる。

さて、劇場としての法廷というコンセプトに話を戻そう。

このコンセプトに焦点を当てると、一群のゴールデン・ルールが浮かび上がる。それが何か見てみよう。まず、素人をうならせる決まり文句のいくつかを見てみよう。劇場とは何だろうか？　それにはどのような要素があるか？
　エンターテイメント。ドラマ。ストーリー展開の妙。観客を揺さぶる感動。拍手。見ごたえがあり、来た甲斐があったという感想。良い演劇というものは、満足すべきものであり、感動的であり、忘れがたいものである。良い演劇においては、時間は決してよどまず、話の展開は決して緩まず、観客は決して退屈しない。

これで十分だ。話を進めるのに十分すぎるアイディアがそこから得られる。これらの要素を劇場から法廷に移し替えてみよう。どんなゴールデン・ルールが浮上するか。

目がくらむほど明白なことが一つある。裁判所の法廷ではあなたの観客は立ち上がって出ていくことができない。彼らは本当の意味で囚われの身である。彼らはあなたに野次を飛ばして舞台から引きずり下ろすことができない。彼らはそこでじっとしていなければならないのだ。そこで２つのことが念頭に浮かぶ。

第１に、彼ら聴衆はそこにじっとしている義務があるが、しかし、あなたの話を聞いている**義務**はない。

第2に、あなたの聴衆は囚われているのであるから、あなたはできる限り彼らを楽しませる義務があると**自覚しなければならない**。

　あなたが彼らを楽しませれば、彼らは疑いもなくあなたの話を聞くであろう。しかし、あなたが彼らを楽しませなければ、彼らはほとんど間違いなくあなたの話を聞かないだろう。彼らは義務感からあなたの話を聞くことはするだろう。しかし、それは主体的にそうしているのではないし、あなたやあなたの事件に同情してそうしているのでもない。

　つまり、明白かつ実践的な弁護のゴールデン・ルールとして次のことが言える。

彼らを楽しませよ

　要するにそういうことだ。

　ちょっと待って。たしかにそれは明白なゴールデン・ルールかもしれない。しかし、「要するにそういうことだ」はないだろう。ルールを数えあげることとそれを実際に応用することとはずいぶんと違うことでしょう？

　いいや、そんなことはない。あなたの事実認定者を楽しませるために簡単に使える道具を後で紹介しよう。しかし、その前に強調しておきたいことがある。劇場とか演技というものに魔術的な要素があるのと同じように、法廷と法廷弁護にも魔術的な要素がある。それはこういうことだ。あなたが単にこのルールがあることを知り、そしてそれがうまく機能することを期待するだけでも、あなたがそれに違反することは少なくなるということである。

　安心しなさい。これは本当のことだから。ルールが実行されることを願うだけで、あなたはそれを実行することができるのだ。驚くほど上手にできるというわけにはいかないが、できるようにはなる。あなたが不幸にして想像力というものをまったく欠いているのでない限り——そういうことは普通ありえない——、何がルールであるかを知り、公判を準備する時にそのことを考えさえすれば、ルールを破るということはまずありえないだろう。そして、前にも言ったように、これによってあなたはほとんどの競争において一歩抜きん出ることができるのだ。競

争相手の多くはルールがあること自体知らないようだから。

　さて、あなたの事実認定者を楽しませておくための簡単に使える道具があるとわたしは言ったが、それを見ることにしよう。これらは基礎的で重要な技術であるので、それ自体ゴールデン・ルールと見なされる価値がある。第1に、

彼らに物語を伝えよ

　準備をはじめる時から事件の終わりまで、いつも、この考えをあなたの頭の中の最前列に置いておきなさい。冒頭陳述から最終弁論に至るまでいつもこれを心にとめておきなさい。あなたが何をしていようと、事件のどの段階にいようと、いつも自問しなさい。いま自分が彼らにしていることには、物語の要素があるだろうか、と。

　なぜわたしがこの方法を推奨するのか？　なぜなら、たとえそれが以前に聞いた話であっても、人は誰でも上手に語られた物語に対して耳をふさぐことができないからだ。子どものころは皆そうだった。同じ物語を何度繰り返し聞いても、大いに満足した。こうした反応をする能力をわれわれは決して失うことはない。物語を語られていると感じる時、物語がそこにあるとわかる時、その時、われわれはごく自然に、本能的に、耳を傾け、それが流れ込んでくるように反応するのだ。例をあげよう。

　「紳士淑女の皆さん、皆さんが担当することになったこの事件で、私どもが証拠によって証明しようと考えていることをお話しましょう。それはある暗い嵐の晩の出来事でした。冬がまじかに迫り、デールの町の路面はいたるところ濡れて、滑りやすくなっていました。ときおりスコールがあり、どしゃ降りの雨になるのでした。このデールの町をリチャード・ローとジェーンの2人が青い色の小型車で走っていました。2人は2週間前に結婚したばかり。ジェーンは小学校の教師、リチャードはロンドンの病院での研修を最近終えて晴れて医師の資格を取得したところでした。2人とも優秀なテニスの選手であり、ジェーンは郡の体操のチャンピオンでもありました。断続的に降る雨と路面の状態を考えて、彼らは注意深く走りました。時速40マイルを超えることはほとんどありませんでした。運転していたのはリチャードです」

このあと何が起こったか知りたくないか？　悲運が待ちかまえている予感で胸が膨らんでこないだろうか？　この若いカップルにいったい何が起こるのか興味をそそられないだろうか？

あなたが法廷で行うことのなかには文字どおり物語そのものもある。冒頭陳述はその典型である。しかし、自分の証人はすべて、物語の一部を語る証拠にしなければならない。反対尋問ですら、うまくやれば、物語の趣を持たせることができる。いつも物語ることを考えよ。そうすれば、あなたは事実認定者がもっている話を聞こうとする自然の衝動を活用することができるようになるだろう。驚くべきことに、このことは、その程度は小さいとしても、裁判官のみによる公判にもあてはまるのである。

次のルールは、この物語ルールと密接につながっている。

はじまりと中間、そして結末を考えよ

そうすれば、冒頭陳述であれ、反対尋問であれ、やることすべてに自動的に形をつけることができる。とりわけ、何をしている場合でも自分がどのように結末をつけようとしているかに重点をおくようにしなさい。そうすることによって、これも自動的に、自分がどこに行こうとしているのかを常に知っていることができるのである。証人尋問を扱う際に取り上げるルールの一つに「常に目的を知れ」というルールがある。あなたが始まりと中間と結末を考えることを習慣にするならば、とくに結末に焦点をおいてそうするならば、このルールはほとんど達成されたのも同然なのである。

彼らの注意を引きつけ楽しませつづけるための次の道具は、

行動の流れを持続せよ

である。あたまの中が真っ白になり──それは誰にでも起こりうることである──どうしても一時停止をしたい時がある。しかし、その時でも、一時停止それ自体を鑑賞に堪えられるものにしておくべきである。それは可能であり、難しくはない。何年も前に、わたし自身がある長老の法廷弁護士から教えてもらった方法

をあなたに教えてあげよう。

　われわれは皆、頭の中が真っ白になる恐怖を知っている。経験の浅い弁護士にとってこの恐怖は現実のものである。しかし、恐れることはない。これに対処する方法は次のとおり、3段階ではたらく。

ステップ1　自分のはらわたにリラックスするように司令を送る。これによって、唇を乾かしたり心拍数をあげるアドレナリンの流れを本当にコントロールすることができる。

ステップ2　何でもいいから文字の書かれた紙片を手に取り、その余白部分をじっと見つめる。そして、静かに3つ数える。

ステップ3　裁判長を見上げて言う、「裁判長、少しお時間を頂きたいのですが」。そして、先ほどの紙片をまっすぐ見詰め直す。

　ここまでで10秒間得ることができる。必要であれば、考えをまとめるために、合計20秒間の完全な沈黙を得ることも可能である。その沈黙を気に留める者はいない。誰もあなたが流れを中断したとは感じないし、また、あなたの内部に故障が発生したなどとは考えないだろう。それは、あなたがその中断を、それ自身が明白な意味をもつものとして、挿入したからである。おそらく20秒も必要ないだろう。もっと早くあなたの頭脳は明晰になり、先に進めるようになるだろう。

　彼らの注意を引きつけ、楽しませつづけるための次のゴールデン・ルールは、

シンプルにまとめよ

である。1789年4月30日のジョージ・ワシントンの大統領就任演説中のワン・センテンスを見てみよう。

　「私があえて希望したいことのすべては、もしも、この職責を果たすうえにおいて、私が過去の事蹟の栄光にあまりにも動かされ、あるいは、わが市民諸君による圧倒的な信任の証左に対して過度に感応してしまったとしたら、そしてそれ

ゆえに、自らの無能と重大かつ未体験の仕事への謙虚さというものをわきまえずにことに処したとしたら、私の過ちは私をそこへ導いたその動機に免じて許していただきたいし、また、その結果については、それを裁くわが国がそのはじまりにおいて受けた好意のいくぶんかを共有することを認めていただいたうえで裁いていただきたい、ということである」

現代人の多くは2行目の半分くらいまででわけがわからなくなる。もしも読みつづけ、あるいは聞きつづけることを強制されたとしたら、まるで鈍器で頭を殴られたかのように、意識が薄れていくだろう。時代は変わった。良きにつけ悪しきにつけ。言語というものもまた変化するのである。

われわれ人類は、大方、条件づけられた存在である。40年間にわたるテレビの影響で、人々は短い文章しか扱えなくなった。20秒を超える音声情報は、たいていの人にとって扱いが難しい。普通の人が集中できる時間はかつてよりも短くなった。多くの人がそう嘆いている。

しかし、これこそ今日の人々の姿なのだ。彼らはディケンズのワン・センテンス6行の文章などは読まない。ハロルド・ロビンズは、ヘミングウェイに倣って、われわれを6語の文章に親しませた。6語文はこんな調子だ。──これこそ今日の人々の姿なのだ。われわれのねらうべき相手はそこにある。

それは簡単なことではない。われわれが受けた教育は、努力せずに40語の文章を扱えるようにするものであった。われわれ弁護士は、たいていの人々よりも長い文章でものを考える傾向にある。われわれは陪審員たちがあまり用いない文法形式を用いている。われわれは従属節を用いる。われわれは挿入句を用いる。

これらを使わないことを学ばなければならない。それには訓練が必要だ。これに焦点を当てよう。まず、あなた自身の文章を点検することからはじめよう。語数を数えなさい。あなたの普通の文章が何語から成っているか知りなさい。もしもあなたの語数が22を超えていたら、それを減らす努力を積極的にしなければならないだろう。

ここで必要なのは、適度なバランスである。われわれは型にはまっていると思

われたくない。われわれはいついかなる時も、自分たちが容易に理解されているということを確実にしておきたいのだ。アメリカの状況を例にとって説明したい（アメリカでは、あなたが考えつくおよそあらゆるものに陪審制度を用いている。民事陪審の前で冒頭陳述をするのは、裁判官のみの前でやるよりもはるかに楽しい。弁護士がこの民事陪審制度から楽しみを得ているのみならず、訴訟当事者自身も陪審公判に深い満足感を得ているようである。敗訴した当事者ですらそう感じている。陪審の評決は、裁判官のみの判決と比べてはるかに当事者に満足を与える紛争解決手段であるように見える）。ごくごく典型的な冒頭陳述をとりあげ、民事陪審が非常にしばしば曝（さら）されている事態を見ることにしよう。

「紳士淑女の皆さん、私は、皆さんご存知のように、本件の原告であるメアリー・スヌーク夫人を代理している者です。本件は、1987年8月9日、日曜日にサンタバーバラ地区のカミニト・デル・プラヤ通りとサマンサ・スミス大通りの交差点で、私の依頼人が運転するライトブルーのキャデラック1980年型エルドラドと、被告の息子が、被告の承認と同意のもとで、当時彼を雇っていた父のために父の顧客のもとへ急いで印刷物を届けるために、運転していたダーク・ブルーのトヨタのステーションワゴンとの間の不幸な衝突事故によるものです」

これはよくある冒頭陳述である。そして、この弁護士は既にして陪審員の気をそらしてしまっている。彼らは4行目あたりで不安を覚える。彼らがまず自問することは「これを**全部覚えなければならないのか？**」ということである。次に彼らが自らに問うのは、「これを全部聞いていなければならないのか？」ということである。

弁護士が執拗な態度で続けていくうちに、陪審員たちは静かに混乱に陥りはじめる。細部を理解すること、細部を等しくとりあげることは、彼らの能力を超えていることに気がつく。そして、注意を他に向けはじめる。文章が終わるまでに、彼らは居心地が悪いと感じ、投げ出してしまう。そして、無意識のうちに弁護士というのは、彼らの人生をややこしくするものだと考えはじめているのだ。

この例は、シンプルで行こうルールの必要性をよく示している。しかし、それと同時にこのルールは次の明白なゴールデン・ルールを導き出す。

ディテールは危険だ

　事実認定者にあまりにも多くのディテールを背負わせるのは、能力のない弁護士であることを最も確実に示すサインの一つである。それは、たぶんわれわれが答弁書や起訴状の起案を学ぶ時に、すべての必要事項をそこに含めるように教えられていることと関係している。われわれは、十分なディテールを提供しないとよくないのではないかと感じるように洗脳されている。なにか必須の要素が欠けているのではないかという恐怖心を抱く。また、われわれは自分が法廷で述べたすべてのことを支える権威、それが正しいことをしめす根拠をもつようにと訓練されている。訓練によって獲得した職業的な本能が、あらゆる事柄について1章、1節をものするようにと仕向けるのである。

　われわれは、こうした鋳型にはめ込まれてきたから、事実認定者にありあまるディテールを供給しようとすることは、弁護士としてはよく理解できる衝動である。しかし、この衝動はあなたが認識しコントロールしなければならない性質のものである。なぜなら、ディテールは良い法廷弁護術にとって危険なものであるからだ。

　あなたは、その危険を繰り返し体験することになるだろう。陪審員たちのうえにどんよりとした空気が漂うのを目にすることだろう。彼らにあまりに多くのものを背負わせれば、彼らは理解せず、耳を背け、そして厳しく憤るであろう。

　あのディテールで飾られた冒頭陳述はどうしたらよかったのだろうか？
たぶんこんなふうにできたはずである。

　「紳士淑女の皆さん、わたしが証拠によって証明しようと考えていることを皆さんに申し上げます。この事件は、2台の自動車が衝突したこととその結果に関するものです。それは数年前の夏の日の出来事でした。2児の母であるメアリー・スヌークは旧式のキャデラックを運転していました。その道を彼女はよく知っていました。彼女は彼女の方に優先権のある見慣れた交差点に差しかかり、トヨタが近づいてくるのを見ました。その車はメアリー・スヌークの左手にある停止線に近づきました。ところが、トヨタは、停止せず、スピードを落とすことすらせずに、交差点に侵入してきたのです。そして、衝突事故が起こりまし

た。しばらくの間、この事故とその結果について若干の詳細をお話するのをご辛抱ください。できるだけ手短に、証人がこの件について証言することになるだろうことを要約いたします。第1に、トヨタを運転していたのは誰か？
……」

　どうだろう？　何が取り除かれたのかを注意深く見てみなさい。それがなくてもどの程度までやれるのかを見て欲しい。事故が起こった月についての言及がない。曜日も日付もない。通りの名前、キャデラックのモデル名、年式もない。これらの細部はどうでもよいことなのだ。それは話しを混乱させるだけであった。

　しかし、すべてのディテールを剥ぎ取ってしまったわけではない。陪審員たちが自らのイマジネーションを用いて頭の中にはっきりした情景を描写できるのに十分なものは残した。そして、彼ら自身がその同じ道をドライブしていたとしたらどんな感じかを想像できるのに十分なディテールを彼らに与えたのである。

　しかし、弁護士側の目的にとって厳密に必要とは思われないものは、すべて削った。その目的とは何か？　それは、彼らが聞きたいと思う物語、彼らが興味を持つと思う物語を彼らに語り、それと同時に、彼らにこの訴訟が十分に理由のある訴訟であり、こちらが求めている評決もまた十分理由があるということを彼らに感じさせるように、事実を述べることである。

　したがって、ディテールを避けよというゴールデン・ルールをわたしは提案したわけだが、このルールを若干拡張してみようと感じる向きもあるだろう。すなわち、

削ってもよいと思われることはすべて削るようにせよ

　主張事実はできるだけ引き締まったものにすべきである。余分な重量は1オンスたりとも脱ぎ捨てるべきである。

　このことは、前に時間の次元の話をした時に既に見たゴールデン・ルールを思い出させるのであるが、そのルールはまだ言葉に表現していなかった。

手短にせよ！

　絶対に必要な場合以外に事実認定者の時間を1分たりとも無駄に使ってはならない。このルールは役に立つ。信じられないくらい役に立つ。あなたは疑問に思うだろう。私もかつて疑問を感じた。「手短に！」というゴールデン・ルールはまるで尻込みして、依頼人のためにベストを尽くさず、完全な仕事するなと奨励しているみたいに見える。しかし、そうではない。

　手短にするためには、計画を立て、周到な事前準備をし、高度に集約的な思考をすることが要請されるのである。一言も無駄な言葉を発せずに押さえるべきポイントをすべて押さえ、できる限り無駄を省いて必要なインパクトを与えることは、決して生やさしいことではない。これを成功裏に成し遂げることは大変な重労働となりうる。しかし、それは役に立つことである。なぜ役に立つのか説明しよう。

　あなたが陪審員席に座っていると想像してみてほしい。弁護士が立ちあがり、冒頭陳述を始めた。彼はあなたに容易に理解できかつ興味深い物語を話す。あなたはなぜこの事件が裁判所に提起されたのかを明快に理解できた。彼は、ある不法が行われ、それが法によって正されなければならないことをあなたに感じさせた。しかし、彼はそこで突然止めてしまった。ちょうどあなたがこの興味深い男の話しを聞くという予想外に楽しい仕事に快感を覚えはじめたその時に、彼は止めてしまった。彼は、あなたが十分に満足する前に止めてしまった。要するに、彼はすべての良いエンターテインメントに通ずるルールを実践したのだ。つまり、彼はあなたを欲求不満の状態に留め置いたのだ。

　あなたは、いまやこの弁護士が次に立ちあがるのを待ち遠しいと感じている。彼がそうする時、彼はあなたの注意を完全に惹きつけていることだろう。しかし、彼はまた同じことをする。あなたが真に満足する手前で彼は止めてしまった。彼はこれを繰り返す。公判の全過程を通じて彼はそれを繰り返した。最終弁論の番が来た時、彼はそれまでのように手短にする代わりに、今度はやや多目の時間をあなたのために費やした。ほんの少しでもそれは十分に満足すべきものである。

　手短ルールを物語ルールやディテール回避ルールとともに活用することに

よって、この弁護士は自分が口を開くたびにあなたを夢中にさせることができたのである。これがうまく行った時の光景を見るのはまさしく見物であり、ありふれた法廷弁護士の仕事ぶりとのコントラストは驚嘆すべきものがある。

「彼らを楽しませよ」という表題のもとで私があなたと共有したいもう一つのルールがある。それはこうだ。

彼らを退屈な場面に備えさせよ

まったく退屈な場面がない公判というものもあるが、それはまれである。退屈な場面を最小限にする努力をしたとしても、まったくなくしてしまうことはめったにできるものではない。無味乾燥な手続や、退屈なディテールに関する尋問の間、どうしたら陪審員の注意を繋ぎ止めておくことができるだろうか。この時に法廷は楽しい劇場であることを止めてしまうのだ。何か良い方法はないものだろうか？

それは驚くほど簡単である。事前にそれを警告しておき、さらに、退屈な幕間狂言の間に、ときどき時間に言及することだ。事実認定者は、公判がいつも順風満帆の航海だとは思っていない。裁判官も陪審員も、時としてやっておかなければならない仕事があることを知っている。退屈な場面であることをあなたが了解しているということを彼らに説明してやり、皆ができるだけ容易にそれを処理できるようにあなたが全力を尽くしていることを、はっきりさせてやれば、あなたは彼らの注意を失うことはないし、彼らにそのことで反感を持たれることもないだろう。

だから、まずそのことを事前に警告しなさい。

「紳士淑女の皆さん、この裁判においては、やや込み入った数字に皆さんの細心の注意を向けていただかなければならない場面があります。申し訳ないことだと思いますが、それは避けて通れないことです。皆さんが理解しやすいように私は最善を尽くすつもりです。いま、あらかじめお約束しておきますが、それはどんなに長くても2時間以内に済ますことができるでしょう。しかし、それはまだ先の話しです。その時が来たら皆さんにあらかじめ警告いたします。さて、……」

退屈な場面に備えさせるというのは、より大きなゴールデン・ルールの個別的な適用場面なのである。そのルールは要するに「彼らに準備をさせよ」ということである。けれども、このルールについては後に触れることにしたい。私としては、劇場と法廷の対比に決着をつけておきたい。ここで発声と言われるものに少し触れておきたい。

　これは俳優が熱心に勉強している事柄であるが、われわれ弁護士はほとんど注意をしていない。法廷弁護士のなかには、陪審員が聞き取るのに苦労するような話し方をする人がいる。他方、重量のある大音響で陪審員を萎縮させてしまう人もいる。いずれの場合も、依頼人を失望させる。発声に関して明らかなゴールデン・ルールがいくつかある。第1に、

自分の声の音量を知れ

　他人に自分の話を聞いてもらうのにどの程度の声量を出せばよいのか確認しておきなさい。法廷は形も大きさもさまざまである。天井の高さも異なっている。ある法廷は壁に吸音材を使っているし、ある法廷はまるで鐘の中にでもいるかのように音が響く。もしも、まだやったことがないならば、できるだけ多くの場所で自分の声を使って試してみたらよい。配偶者か友人を連れて行き、あなたの声がどの程度聞き取れるか教えてもらいなさい。自分の声量の範囲と音程とを点検してみなさい。一番重要なことは、どうしたら静かに話しながら、それでも容易に聞き取ってもらえるかを発見することである。なぜかというと、法廷においては物静かで会話口調であればあるほど、効果的であるのが普通だからである。

　偉大な雄弁家の時代は終わった。──少なくとも今はそんな時代ではない。現代ではピーター・シソンズのような演説──会話口調で、情報に富み、そして本当に穏やかな演説──の方が人々の共感を得られる。だから、あなたの声量の静けさの限界がどこにあるのかを知っておくことは必須のことである。

　次のルール。

話すスピードと音質を変化させよ

そうしないと、あなたの話しは退屈に聞こえてしまうのであり、あなたの話が退屈に聞こえてしまえば、他のすべてのルールを活用して達成されたことがほとんど台なしになってしまう。テープレコーダーで自分の話を聞いてみなさい。もしも可能ならば、誰かと話している時にビデオカメラをセットしてみなさい。そして、それを後で聞いてみなさい、見てみなさい。スピードは速すぎないか？　遅すぎることはないか？　低音と高音の差はどのくらいか？　聞いていて楽しいか？　聞き苦しいことはないか？

　はじめのころに言ったように、われわれはこのように自分自身を検査することには臆病である。しかし、臆病になってはいけない。他の人々は法廷で一日中あなたを検査することになるのだ。人をいらいらさせるあなたの癖、しかも簡単に直すことができるあなたの癖を知る最後の人間があなた自身であるというのは耐えられないことだろう。

　そして、次のルール。

タイミングと中断の力を知れ

　演劇関係者に偉大な俳優の特徴は何かと尋ねると、ほとんどの人がタイミングと答える。優秀な法廷弁護士はそれがいかに重要であるかを知っている。しかし、経験のない者は、しばしば、中断しないこと、話しつづけること、沈黙を避けることにあまりにも熱中しすぎてしまい、タイミングの問題をすべて忘れてしまう。こういう失敗をしてはならない。中断が作り出すドラマチックな力を忘れてはならない。あなたの動作を継続させることは重要である。しかし、それはおしゃべりを続けることを意味するのではない。

　もしも、あなたがこのことをあまり考えたことがないというのであれば、テレビ番組の中にその好例を探してみることをお勧めする。ニュースキャスターは演説のスピードの許容限界についての良い例を示してくれるものである。そして、好き嫌いは別として、ベニー・ヒル［訳者注：Benny Hill 1925-92、イギリスのコメディアン］こそ中断の力を知り尽くした達人であった。

声という主題を離れる前に一つヒントを与えよう。

声量を上げる時には細心の注意をせよ

どうしてなのかよくわからないが、法廷で弁護士が声量を上げると、人々は反射的にその弁護士自身に何か問題があったのではないかと考えてしまうことが多い。このことは、声を張り上げるのは怒りや不満の信号であるという事実に関係していると思われる。理由はともあれ、長年にわたって私はそういう情景を繰り返し繰り返し目撃してきた。あなたが声を張り上げると彼らは、あなた自身に何か問題があると考える。だから、注意すべきなのである。

一方、声量を下げることは、これと正反対の効果をもたらす。何かを強調したい時には、これは絶大な効果を発揮する。あなたの可聴音声の最低レベルを知ることの重要さはここにあるのだ。

劇場としての法廷というコンセプトから導かれるゴールデン・ルールについて、私が言いたいことは以上である。しかし、そこから導かれるものはまだ他にあるに違いない。あなた自身でそれを抽出してみたらどうだろうか。さて、次は興味深いことをとりあげよう。**法廷弁護の心理学を検討することから導かれるルール**である。

THE PSYCHOLOGY OF ADVOCACY

法廷弁護の心理学

少しの間われわれが最初に論じたこと——法廷弁護の第1の次元に話題を戻してみよう。法廷に向かう時までには、われわれはもはや真実の探索を終えていなければならない。われわれが求めているのは、「あなたの勝ち、相手の負け」という事実認定者の意見である。民事事件では時としてもう一つ別の意見、すなわち、「われわれの意見では、あなたの依頼人はこれこれの金額の賠償を受けるべきである」という意見をも目指している。刑事事件では「われわれの意見では、被告人の有罪は合理的な疑いを容れない程度に証明された（あるいは、されていない）」と事実認定者たちが言ってくれるのを目的とする。民事事件では「われわれの意見では、結局のところ、この競争に勝ったのはこちら側だ」と言わしめることである。

　もちろん、公判で真実の探求が行われることもあるが、それは主要な目標ではない。証人の証言を見聞して、事実認定者はうそつきは誰かと探し出そうとする。しかし、公判はしばしば一人のうそつきの仮面を剥がすこともなく、終わってしまう。実際のところ、たいていの場合がそうである。通常の場合、事実認定者が行わなければならないのは、証言のうちどの部分を彼らが気に入っているのかを決定することである。法廷弁護士の仕事は、事実認定者が、ある証拠を気に入るように仕向け、そしてある意見に到達するように仕向けることである。

　好意とか意見とかというものは、非常に明確かつ強固に抱かれるか、あるいは逆に、まったく強固でも明確でもないかのいずれかであろう。われわれがここで扱っている事柄は、白黒がはっきりしたものでもないし、絶対的なものでもない。彼らの好意と彼らの意見とを勝ち取ることができさえすれば、われわれは裁判に勝てるのである。ここで強調しておきたいのは、好意や意見というものはしばしば壊れやすく、微妙なものだということである。

　事実認定者は、考えた結果のみに基づいて彼らの好意と意見に達することもあるかもしれない。しかし、それはめったにないことである。われわれのように考えることを訓練された者でも、2人の対立する証人のうちどちらを選択するかという場面で、しばしば、自分の感情的な反応に基づいて選択することがしばしばある。もちろんそうだ。われわれは感じもする。好意と意見を獲得する過程は、その両方——考えることと感じること——を含むのである。

裁判官だけの公判では、あなたが相手にするのは考えることを訓練された人である。そこでは、好意と意見とを獲得するうえで、感情に比べて思考がより重要かもしれない。私は「かもしれない」としか言えない。なぜなら、たしかにそうだとは言い切れないからである。裁判官もまた人間である。

　しかし、陪審員あるいは法的な訓練を受けていない事実認定者——たとえば軍事裁判の裁判員——を前にする時にはいかなる場合も、彼らが自らの好意や意見を決定する過程で、少なくとも彼らの思考と同じ程度に感情が働いているのだということを心に留めておかなければならない。

　好意や意見というものが壊れやすく微妙なものだということは、人の感情というものが疑いようもなく、壊れやすくかつ微妙なものであるということである。そして、法廷弁護士が取り扱う素材はみなそうなのである。

法廷弁護の素材は壊れやすい

　これは、常に心得ておくべき基礎的な真実としてのゴールデン・ルールというほどのものではないが、多くの弁護士が決して考え及ばない真実なのである。われわれは事実認定者たちの感情にこそ訴えかけなければならないのに、まるで事実認定者には感情などないかのように振る舞っている弁護士をよく見かける。

　あなたの仕事は、あなたの主張の方が好ましいことを、彼らに考えさせるとともに、感じさせることである。この目的に向けて、完全に誠実に導くことこそあなたの仕事である。そして、あなたがこのスタート地点に自らを置くならば、あらゆる種類のガイドラインが自ずからその姿を現すであろう。

　最初のものは明白である。あなたは、彼らを導かなければならない。彼らにあなたの後をついてきてもらわなければならないのである。好きな人物と嫌いな人物とどちらの方に、彼らは従いたいと思うだろうか？

好人物たれ

　少なくとも相手方よりも好感を持たれるようにしなさい。やり手のマッチョ弁

護士は、彼らの所属すべき場所、つまりテレビ・スクリーンの中に置いておきなさい。お行儀の良いやりかたの方が、はるかに効果的である。いつもは行儀の良い弁護士が何度か抜け目なく振る舞う時——そうしなければならないことはしばしばある——に絶大な効果を発揮する。あなたが好人物であり、愛想が良く、親切であれば、あなたは事実認定者から最良の感情を引き出すことができる。彼らはあなたを信じたいのだ。愛想が良いことはあらゆる種類の困難からあなたを救ってくれる。そして、陪審員というものは、彼らの好む弁護士に有利な認定をするという厄介な傾向をもっているのである。だからそれを利用しない手はない。

しかし、注意すべき点もある。陪審員たちは、不誠実に対して驚くべき嗅覚をもっている。もしも、あなたがただ行儀良く振る舞おうとしているだけならば、彼らはそれを嗅ぎ当ててしまうだろう。ゴールデン・ルールは「好人物のように振る舞え」というのではなく、「好人物たれ」ということなのである。もしも、そのためにあなたの性格の一部を改造しなければならないのであれば、そうしなさい。必要であれば、誰かの助けを借りなさい。

われわれは、皆最善の部分をもっているというのが真相である。その部分が何かは愛する人が知っている。自分の最善の部分こそ、われわれは最愛の人とわかち合うのである。この部分を法廷に携えるべきである。ところが、ほとんどの弁護士は、深刻、威厳、重厚、尊大の衣をまとい、真の人間らしさを自宅に置いてきてしまう。包み隠さず自分の真の姿をさらけ出し、かつ、純粋に丁重に振る舞うことができるならば、法廷ですばらしい効果を生み出すだろう。他のことはさておき、それは普通の弁護士とあまりに違っているので、事実認定者の注意を引きつけ、しかるべき応答を引き出すことは確実である。

これは単純なルールである。次にやや微妙なルールを教えよう。私はそれを

共感ルール

と名づけているのだが、このルールを理解し、それに従えば必ず良い結果が得られることが保障されているので、誤解のないように説明しよう。

12人の未知の人々を、あなたに対して個人的に共感する一群の人々へと転向さ

せることができたならば、あなたは依頼人に対してすばらしい仕事をしたことになる。彼らがあなたに共感するということは、多くの結果をもたらす。

- 彼らは、あなたの話しを意識して聞くようになる。
- 彼らは、あなたの述べることにもっとも好意的な解釈を与える。
- 彼らは、あなたの要請を拒むことに躊躇を感じる。
- 彼らは、あなたの失敗を見過ごしてやりたいと感じる。

　共感する観客というものがどんなものか、一番わかりやすい例は幼稚園の学芸会である。観客は、自分の子どもがステージに登場すると息を止めてそれを見つめている親たちである。すべての失敗は許され、ピンが落ちる音も聞こえるほどの完全な静寂の中に、ちっぽけな声が響き渡る。そして、成功させてやりたいという願望のエネルギーがあまりにも強いので、観客は写真のようにすべてを覚えてしまうのである。

　これは極端な例であるが、これと、たとえば、会社の社長や経営陣を退陣させ、できることなら彼らを国外に追放してしまいたいと決心した怒れる株主たちの総会と比べてみなさい。共感とはこうした性質の事柄である。幼稚園の学芸会と株主総会の例は、ものさしの両方の端に位置するものである。

　法廷弁護士として、どちらの端により近いところに身を置きたいか？　許し与える側か、過酷で敵意に満ちた側か？　驚くべきことに、なんと多くの弁護士が厳しい方を選択しているのである——無知と鈍感のために。彼らは立ち止まって、法廷弁護士と事実認定者との間に通いあう共感というものを考えてみることを決してしないのである。彼らには思いもよらぬことである。その結果、彼らの依頼人が損をしているのだ。

　裁判官や陪審員が共感を覚えている方が、そうでない場合よりも良いものであることは明らかである。しかし、それは偶然に左右されることなのか、それとも、何かやりようがあるのか？　不思議なことかもしれないが、あなたとあなたの事実認定者との間に共感の流れを起こすことは現実に可能である。そして、そのためのテクニックは驚くほど簡単である。

ちょっとした時間に頭脳ゲームをしてみるとよい。自分が裁判官席に座っていると想像してみなさい。裁判官の見ているものを見、聞いているものを聞いていると想像してみなさい。自分を完全に裁判官の立場に置くようにしなさい。陪審員１人１人についてもまったく同じことをやってみなさい。彼らが法廷に入ってきたら最初にまずやり、その後、公判を通じて繰り返しやってみなさい。彼ら１人１人の体に乗り移り、彼らの目を通してものを見るのだ。しまいには、難なくそれができるようになる。そして、それは間違いなく何かを達成する。この訓練によってあなたは、彼らに対して大いに共感を覚えるようになる。そして、彼らの方でも無意識のうちにそれを感じ取るのだ。その結果、彼らはあなたへの共感を覚えるようになる。

　このようなエネルギーの相互作用がどのようにして行われるのか、私にもよくわからない。私に言えるのは、このテクニックが役に立つということだけである。あなたも試してみなさい。そうすることによって、あなたはあらゆる種類の失敗を犯さないようになることがわかるだろう。あなたは、彼らに背を向けられるようなことを言ったり、したりしなくなるのだ。あなたは、他の多くの弁護士がしているような、事実認定者と対立するようなことはしなくなる。あなたは、彼らとともにより円滑にことを運ぶことができるようになる。

　そして、あなたが次のとても重要なゴールデン・ルールに直面する機会は少なくなるだろう。わたしは、これを

ニュートンのルール

と呼んでいる。しかし、こう言いかえることもできるだろう。

作用反作用の法則

　私が先ほど述べたばかりのことを振り返ってみよう。もしもあなたが共感ルールに注意していれば、あなたが事実認定者と対立するようなことは決してないだろう。ほとんどの弁護士は当然のことのように事実認定者との対立に突き進んでいく。彼らはきまってこんなぐあいに事実認定者に対決を挑むのだ。

「紳士淑女のみなさん！　皆さんは私の依頼人に有罪を宣告することはできません」
（「本当にできないのかな？」と陪審員は考える）

「皆さんはこのようなことはできないはずです。……」と弁護士が言う。
（「えっ、まさか！」と陪審員たちの顔が言っている）

「皆さんは、次のようなことをしなければなりません。……」
（「いま、しないといけないの？」）

　このルールは単純である。あなたが彼らを押せば、彼らがあなたを押し戻す。あなたが彼らを引っぱれば、彼らは踏みとどまろうとする。あなたが命ずれば、彼らは拒絶する。あなたが自分の意見を押しつければ、彼らはそれを却下する。ニュートンの運動の法則は、単なる科学的な法則ではない。それはまた人間の反応を正確に描写している。行動は、ほとんど例外なく、等しい大きさの逆方向の反応を生み出す。そして、それは法廷弁護の最も大切なゴールデン・ルールの一つなのである。

　この法則に注意を傾ければ、問題を避けて通る方法が見えてくる。要求する代わりに、**招待する**のだ。教える代わりに、**提案する**のだ。彼らに何かを見るように**主張する**のではなく、それを見れば彼らの手助けになるだろうことを**提案する**のだ。彼らを引っ張るのではなく、優しく導くのだ。ムチとニンジンは、弁護術には無縁である。弁護術に必要なのはニンジンだけである。

　ニュートンのルールを真剣に考えれば考えるほど、あなたは良い法廷弁護士になることができる。このルールは、**説得**という問題を考える際には、すべてのルールの中でもっとも重要なものである。あなたを困難から遠ざけるだけでなく、このルールには計りしれない利用価値がある。

「紳士淑女の皆さん、これから私が申し上げることを、皆さんはそれほど重要なこととは思われないでしょう」これによって彼らの注意を驚くほど引きつけることができるだろう。「申し訳ありません。あまり明確に説明することができないの

ですが、……」という説明はほとんど確実に、「とんでもない。あなたの言っていることをわれわれは完璧に理解している。先に進んでくれ」という無言の反応を引き起こすのだ。

　これは、弁護士の巧妙なトリックというわけではない。人間行動の法則にすぎない。これを知りこれを考えることによって、あなたは事実認定者に対してずっとよく語りかけることができるようになるし、彼らの気を悪くさせることがなくなるし、彼らはあなたの話しをずっとよく聞くようになるのである。

　これはとても重要なルールであるから、もう少し具体例をあげて説明しよう。ここでも、刑事事件を例に──刑事事件はたいていの場合最善の事例を提供してくれる──、ありふれた事態を想定してみよう。弁護側の主張は、警察は一体となって嘘をついており、彼らの証言はまったくのデッチ上げであるというものである。マッチョ弁護士は、決まって、最終弁論で陪審席に身を乗り出して、警察は嘘をついている、すべては茶番劇である、有罪評決などできない、云々とまくしたてる。

　この弁論を聞いた平均的な陪審員はどう感じるだろうか？　平均的な陪審員は一度も法に触れる経験をしたことがない。警察官と現実に出会ったのは、たった一度、交通違反のために警察官に名前を尋ねられた時であり、警察官は陪審員を停止させはしたが、丁寧であり少し同情してくれさえした。このような平均的な陪審員にとって、警察は救済者であり、保護者なのである。今日においてすら、わが国の刑事司法制度を揺るがしたあの恥辱の後でさえ [訳者注:「ギルフォード・フォー」『バーミンガム・シックス』など、IRAの犯行とされる1970年代の爆弾テロ事件で有罪判決を受けた被告人たちが、1990年代にいたり次々に再審が認められ、相次いで無罪判決を受けた。その過程で警察による被告人たちに対する暴力的な取調べの実体が明らかになった]、一般的に言えば、これが警察というものに対する公衆の態度なのである。

　もしも、この平均的な陪審員たちに対して警察は悪人であるという主張を押しつけるとすれば、それは彼らの信念と対決することを意味する。それは彼らを悩ませることになるのであり、そのようなことを考えたくもないと彼らは思うだろう。ここであなたがニュートンのルールを無視すれば、あなたはここで彼らと対決することになるだろう。しかし、あなたがニュートンのルールに思いをいたす

ならば、あなたはほぼ確実にこの危険を避けることができる。たとえば、次のような例はどうだろうか？

「紳士淑女の皆さん、この事件における不幸の一つは、警察がわれわれを欺いているという事実を皆さんに指摘しなければならないということです。それは決して気持ちの良いことではありませんね。われわれの社会を監視し、われわれが夜安心して眠れるようにしてくれている警察官のなかに、人を有罪にするためなら喜んで裁判官や陪審員にうそをつく者がいるということ、警察官のなかには平気で法を歪める者がいるということ。われわれは誰もそのようなことを認めたいとは思わないでしょう。むしろ、そんなことを考えたくもないでしょう。不愉快なことには目を向けたくないのと同じように、そのような可能性については背を向けている方がはるかに心地よいことです。しかし、それでよいのでしょうか？『彼は警察官だ。嘘をつくなんてありえない！』こう言って済ませてしまってよいのでしょうか。それとも、われわれは、一緒に、われわれを騙し通そうとしている人物がいるのかどうか、注意深く観察するべきなのでしょうか？」

こうすれば対立の危険はない。彼らに圧力をかけることはけっしてせず、引っ張ることもなく、そして彼らが自然にもっている偏見を踏みつけることもない。彼らの偏見を自分自身のものとして受け入れてしまうのである。彼らが知っている言葉で話す。こうして最後まで反作用を回避し、遂にはそれをわれわれに有利に利用することができるのだ。「この可能性に背を向けてしまってもよいのでしょうか？」とわれわれは尋ねた。この問いに対する陪審員の無言の答えとして「もちろん、そんなことはない」というものが期待できる。「……を当然のこととしてもよいのでしょうか？」というフレーズに対するほとんど自動的に起こる反作用は、「いいえ」である。

そして、われわれは誰かが彼らを騙し通そうとしていることを示唆した。これに対する彼らの反応は、「そうか。そうはさせないぞ！」というものであろう。

ニュートンを考えなさい。ニュートンを自分の一部にしなさい。彼はあらゆる種類の困難からあなたを救い出し、あなたを本物の法廷弁護士にしてくれるだろう。

先ほどの例でもう一つ別のことにあなたは気づいただろうか？　この例でわれわれは、陪審の側に自らをしっかりと置いている。弁護士がこちらで、陪審はあちらというのではない。事件はわれわれの事件であり、あなたの事件ではない。われわれはそれを前提とすべきか？　われわれはその可能性に背を向けるべきか？　われわれにうそをついている人がいるのか？　これは、次のゴールデン・ルールが働いている一つの例である。

事実認定者と同化せよ

あるいは、

一人称複数のルール

　常にわれわれを考えるのであり、彼らを考えてはならない。証人はわれわれに向けて供述するのであり、あなたがたに向けて供述するのではない。
「さて、スヌーク氏がわれわれに語ったことは何であったか？　皆さんは彼が述べたことを覚えていますね」
　この観点をあなたの心のなかにしっかりと確立しなさい、その時から、あなたは、陪審とともに、そしてそれと同時にたぶん裁判官とともに、走りはじめることになる。証人を尋問している時も、あなたは自分が誰のためにその質問をしているのか——もちろん事実認定者のためである——、を思い出すであろう。明け透けに質問する代わりに、あなたは証人をさらなる物語へと誘うであろう。
「そのあと何が起こったのか、陪審員の皆さんにお話いただけますか？」
「裁判長と陪審員の皆さんに、その時あなたがどこにいたのか話してください」

　しかし、やりすぎてはいけない。これは味を調えるための調味料のようなものである。分量を間違えてはいけない。しかし、これはなくてはならないものである。事実認定者に対して、冷静なアンパイヤとして脇に置かれていると感じさせるのではなく、彼らもわれわれとともに行動しているのだと常に感じさせておかなければならない。

　次のルールは、しばらく前に簡単に触れたことがある。しかし、ここで説明しておこう。とても単純なゴールデン・ルールである。

彼らに準備させておけ

　このルールは一度述べるだけで明白であるから、多くの時間をこれに費やす必要はない。あなたの事件に弱点がある時――すべての事件に弱点はあるのだが――、そのことを語る最初の人物があなた自身であることを確実にしておきなさい。誰よりも早くあなた自身の困難に言及しなさい。あなたはあなたの相手方よりもはるかに同情的にそれを取り扱うであろう。もしもあなたの依頼人や証人が魅力的でない時は、陪審員に先にそれを気づかれてはいけない。できるだけ注意深く、前もってそれを彼らに伝えなさい。もしも可能であれば、ちょっとニュートンを使ってみよう。あなたの証人に本当に弱点がある時、必ず主尋問でその点を指摘しておきなさい。何もしないでおいて、相手方に好機を与えるようなことをしてはならない。彼はいずれにしても弱点をついてくるだろうが、それをあらかじめ潰しておくのだ。驚きの要素を取り除いてしまうのだ。相手方がその弱点に到達した時に、陪審員に「ああ、あれか。まえに聞いたことだな」と感じさせるのが目標である。

　あなたが正しく地ならしをしておけば、究極的にはあなたは法廷でなんでもすることができるのだ。きちんと手順を踏んでやれば、あなたは法廷で猥褻な言葉を叫ぶことだってできる！　誰ひとり目を瞬かせることもなく。

　いままで話題に上ってきた多くの事柄を要約する一つのルールを簡単に説明しよう。それは次のゴールデン・ルールである。

常に親切なガイドを志しなさい

　最初のころ、私は弁護術の第３の次元――人々は弁護士を嫌っている――の話しをした時に、完全に正直に、完全に誠実に法廷活動を行うことを勧めた。あなたは、報酬さえもらえればなんでもする雇われガンマンではない。あなたは、専門家としての職責を心得、専門家としてのプライドをもった専門家である。事実認定者があなたとともに20分も過ごすうちに、彼らは、あなたが正直であり、あなたを信じてもよいと感じはじめるに違いない。そのうえさらに、彼らは、あなたを完全に信用してもよいのであり、あなたが彼らを騙すことはありえないだろうと、既に感じはじめているはずである。初日が終わるころには、朝には見知らぬ人々で

あった彼らは、法廷のなかに少なくとも１人、その人から中古車を買っても安全そうな人物がいることを信じているに違いない。

これを達成するテクニックを教えることはできない。本当の誠実、本当の正直、そして本当の好人物の代わりになるものはない。あなたが、いままで議論してきたゴールデン・ルールを守り、そして誠実で正直な人物ならば、あなたは正直なガイドにすぐになれるだろう。私にできることは、３つの危険な領域を指摘することと、３つの積極的なヒントを与えることである。前者はやってはならないことをまとめたものである。

第１：信じがたいことを信じるように求めてはならない

もしも信じがたいことを受け入れるように彼らに圧力を加えるならば、あなたの信用は一瞬にして吹き飛んでしまうだろう。それまでにあなたが達成したすべての良いことは、御破算になるだろう。あなたは12時に13鐘を打つ時計のようなものだ。

第２：弱点がある時は、それが弱点でない振りをするな。
弱点を率直に認め、それでもなおあなたが勝利すべき理由を示せ。

第３：決して証拠の引用を間違えるな。
証拠に対して決してずるい解釈をするな。

次に３つの積極的なヒントを述べる。

第１：常に完全にフェアに見えるようにせよ。

第２：異議申立ては必要最小限にせよ。

これを少し考えてみよう。弁護士が何かに異議を申し立てる時はいつも、弁護士が陪審の目から何かを隠そうとしているのではないかと思われる危険が伴うのである。「彼らはわれわれの目から何を隠そうとしているのか？　なぜそうするのだろうか？」もちろん、異議申立てをしなければならない時はある。提出され

ようとしている証拠に対して、あるいは尋問の仕方に対して、あるいは相手方が言ったりしたりしたことに対して。

　したがって、あなたは素早く判断をしなければならない。あなたは次のように自分に問わなければならない。
　「これはどれほど重要なことか？　本当に異議を申し立てなければならないか？　陪審員に私が何を隠そうとしているのか不審に思われる危険をおかす価値があるか？」

　時として、あなたは非常に素早く考えをまとめなければならない。それは、必ずしも簡単な利益考量というわけでもない。しかし、「必要がなければするな」という原則に従い、異議申立ての危険を心に留めておくならば、あなたはその楽しさにのめり込むということは決してないだろう。

　異議申立てについて簡単なコメントを付け加えよう。たいていの場合は、

やる時は仕方なさそうにする

というのが良い方法である。ランボーのような激しい異議申立てはテレビでは見栄えがするが……。

　あなたが親切なガイドに徹するための最後のヒントは次のものである。

第3：陪審員を退廷させる時は細心の注意を払え

　公判中に陪審員抜きで議論しなければならない事柄が起こることは必ずあるものである。たとえば証拠の許容性に関することは常に公開の法廷で扱われるが、陪審員は排除される。

　裁判所の廊下で休憩をとり伸びをしたり急いでタバコを吸うことは陪審員も文句を言うまい。彼らが何か秘密があると感じたり、あるいは、何か面白そうなことを自分たち抜きでやっていると感じたりさえしなければ。

経験の浅い法廷弁護士はこの時自分を傷つけることになる。彼は立ち上がり、陪審員たちが何かから排除されているのではないかと感じるようなしかたで陪審員を退廷させることを求める。しかし、親切なガイドは、たとえばこのように発言しなければならない。

「裁判長、いまここであなたの判断を仰がなければならない法律問題があります。われわれがこの問題を取り扱っている間、陪審員のみなさんに休憩を取っていただいたらどうでしょうか？」

こうすればあなたは彼らの好奇心をかき立てずむしろ彼らから感謝されると思わないだろうか？　もしも裁判官が無神経にも「陪審員を退廷させて欲しいということですか、スヌークスさん？」と言ったら、あなたはこう答えればよい。

「裁判長、われわれが技術的な法律問題を論じている間彼らが同席している必要はないでしょう。ここで彼らには職務を免除してあげるのがよいと思います」

陪審員に注意を払わなければならないということをあなたが意識しているならば、どのような言葉づかいでもかまわない。

親切なガイドについて私が言いたいことは以上である。もしもあなたが法廷弁護士になりたいのならば、あなたは親切なガイドになり、そしてなりつづけていなければならない。そのことを覚えておきなさい。

法廷弁護の心理学というテーマのもとで、私が論じたいと思うゴールデン・ルールはあと一つである。しかし、その前に、半ダースほどの短いヒントをあげよう――人生を生きやすくするに違いないヒントを。

できるだけ早くあなたの有能さを裁判官に示せ

条文か判例のいくつかを引用しなさい。これに類するどんな些細なことでも裁判官にあるサインを伝える。裁判官たちは、自分の仕事についてまったく無知な弁護士たちのせいで非常に多くの負担を担わされているのである。あなたがその

ような弁護士ではないというサインを示すことで、彼らにやる気を起こさせることができるのである。

注意深く聞く訓練をせよ

　法廷においてわれわれは自分が何を言うか、そしてそれをどのように言うかということばかり考えている。そのために、ものごとをできるかぎり注意深く聞かなければならないということを、しばしば忘れてしまうのである。たしかに、これは変な話だが、実際にその危険はあるのである。とくに最初の数回の公判ではそうである。われわれは自分の尋問をひねり出すことの難しさに圧倒され、ひとつ質問すると安堵感に浸ってしまい、その質問への答えの方に十分な注意を向けないことがよくある。注意深く人の話を聞くことは簡単なことではない。訓練が必要である。だから訓練しなさい。

　次は、あなたを困難から救出するためのヒントである。簡潔にまとめること、そして短いセンテンスを用いることに全力を尽くしていても、時として迷子になることはある。センテンスはだんだんと長くなり、ついにあなたは道に迷うのだ。経験のない弁護士のほとんどは、どうしてよいのかわからなくなって困惑してしまう。そして、事態は一層悪くなる。しかし、こうした時の秘訣は

急停止すること

である。自分の話しているセンテンスがおかしくなってきたことに気づいたら、即座に停止しなさい。そして、たとえば「論旨が明瞭ではありませんね。もう一度最初からやらせてください」と言いなさい。誰もそれを気に留めないだろう。あなたが迷子になった時、彼らは確実に迷子になっている。だから彼らは、あなたが自分自身の荷を下ろすと同時に彼らの荷を下ろしてくれたことに対して感謝するだろう。あなたは失敗したことをまったく気にすることなく、もう一度やり直すことができるのだ。誰でも迷子になることはあるのだ。

　次に、繰り返しを戒めるルールを思い出してみよう。それは大事なルールである。あなたが繰り返す時、まず、彼らはあなたが自分たちの知性を辱めていると感じるであろう。しかし、あなたが心からもう一度それを言わなければならないと

感じたらどうだろうか？

　彼らに向かってあなたが繰り返しを行うことを告げなさい。彼らに対して、それが繰り返しであることをあなたが承知しているということをわからせるのだ。

　「紳士淑女の皆さん、繰り返しになりますがご容赦ください。しかし、この点はとても重要なことなので……」

　あなたが事前の警告を発しておけば、礼を失することにはならない。けれども、ルールがあることを忘れてはいけない。そして、

繰り返しは最小限にとどめよ

　しかし、ながら、繰り返し禁止ルールには２つの重要な例外がある。ひとつは次のように言うことができる。

棺桶釘の例外

　反対尋問において、幸いにも証人があなたのねらいどおりの方向へ進んでいき、彼が認めるに違いない一連の事柄をあなたが手のうちにしているとしよう。あなたは何度でも同じ型の質問を繰り返し、棺桶の蓋にしっかりと釘を打ち込むのだ。

「○○さん、あなたは××のことを知っていたのですね？」
「はい」
「なるほど。それを知りながら、あなたはこれをしたんですか？」
「いいえ」
「それを知りながら、あなたはあれをしたんですか？」
「いいえ」
「それを知りながら、あなたはなんでもかんでもしたんですか？」
「いいえ」

　これをうまくやれば、あなたはゆっくりと太鼓の音が響くのを感じるはずだ。そして、陪審員の視線はこの時とばかりにあなたと証人の間を行ったり来たりするだろう。ウィンブルドンの観衆のように。

繰り返しが許されると考えてよいもう一つの場合は、

マーク・アントニーの例外

である。最終弁論において（ごくまれに冒頭陳述においても）、ちょうど一つの主題のように繰り返すことができる短い説句を見出せることがある。「ブルータスが高潔の人であるならば、彼ら皆然り、皆高潔の人である」。アントニーは、ブルータスが立ち去るまでこれを5回繰り返した。

あなたはこのような主題を見つけられるならば、それを使いなさい。しかし、それが繰り返し聞くに値するものであることを十分確かめておかなければならない。いきなり法廷でやってはいけない。あなたの配偶者や友人、加えて、できるならば1人か2人のティーンエージャーの前であらかじめ試してみるべきである。それで成功したら、法廷でもきっとうまく行くだろう。

いま「主題」という言葉に出会ったが、それは最終弁論において繰り返し演奏できる曲のようなものだ。「主題」という言葉には、もう一つ別の意味がある。それはアメリカの弁護士に当てはまることであるが、彼我の違いを示すために簡単に説明することにしよう。

アメリカではほとんどの民事訴訟が陪審の下で審理される。それは、20ドル以上の紛争について憲法上保障された権利であり、原告被告いずれの側からも要求できる。陪審員候補者が陪審席に呼び出された時、双方の弁護士は、忌避権を行使するかどうかを決定するために彼らに質問することができる。この陪審員候補に対する質問——ボア・ディール（voir dire）——は普通半日以内には終わる。しかし、その間あなたは陪審員すべてに語りかけるのであり、彼らについて非常に多くのことを知ることができる。彼らは、独自の人生、独自の経歴、独自の知識と感性をそなえた個人、すなわち人民になる。彼らは、この時までに、イングランドの陪審席にいるようなまったくの未知の人ではなく、別人に変貌している。

あなたは、冒頭陳述をする時に、これらの人々に事件がどのようなものであるかを、できる限り簡潔な言葉で説明しようとする。あなたは、あなたの主張を手短に、一つの覚えやすい短文に要約しようとする。

「これは公衆の安全よりも自社の利益を優先する一つの冷淡な会社の物語です」

「これは、あまりに非能率、無謀、無知な運営のために、皆さんの住む郡の数百平方マイルにわたって環境破壊を行った電力会社の話です」

「この原告は、事故の結果を大げさに言いつのり、皆さんが自然に持っている同情心に訴えれば、真相が露見するのを食い止められるのではないかという賭けに出たのです」

イギリスの裁判官の前ではこれをすることはできない。あなたは自分の主張がいったい何であるかを高らかに宣言することはできない。そんなことをすれば裁判官はいったい全体何が始まったのかと訝(いぶか)ることだろう。イギリスの民事訴訟では陪審が参与することはほとんどない。裁判官は訴状や答弁書その他の書面を読んで、あなたが証人を呼ぶのを待ちかまえるのである。

しかし、多少薄めて使わなければならないとはいえ、あなたの事件にアメリカ式の主題を持ちこむことは、大いに役立つものである。自分の事件の主題を定義することができるならば、あなた自身の事件に対する理解を鋭敏なものにすることができるうえに、あなたの法廷におけるプレゼンテーションをすばらしくメリハリの効いたものにするだろう。アメリカの弁護士のように「事件の主題」を存分に用いることができないとしても、あなたが事件の主題をつかみそれが何であるかを正確に知ることは有用なことである。カリフォルニアの最も成功した原告弁護士ブライアン・モーガンの講演の一説を拝借しよう。

「公判におけるあらゆる証拠の断片を事件全体に関連付けることを常に念頭におくこと。それは、すべての証拠が関連づけられるべき仮説を要約する主題を作り上げるうえにおいて絶対に必要なことである。いくつか例をあげよう。サンチェス対ベイ総合病院(Sanchez v. Bay General Hospital, 116 Cal App 3d 776 (1981))は、原告の亡き母親がありふれた頸部神経外科手術を受け、良好な状態でリカヴァリー室から術後病棟へ移されたが、そこで放置されたまま吐しゃ物を吸引したために脳死状態になったという医療過誤事件である。彼女は数ヶ月間植物状態であったが、その間も放置されていたために、気管カニューレが骨と筋肉と組織を貫通して動脈に達した時ついに死亡した。この事件における主題は『彼らは彼女を死ぬまで無視した——2回も』という

ものである」

　ビッグボーイ対サンディエゴカウンティ(Bigboy v. County of San Diego, 154 Cal App 3d 397 (1984))では、危険な状態にある公道が問題となった。危険警告のない田舎道にさしかかった時、自動車がコントロールを失い、助手席にいた乗客が車外にはじき出された。この事件における主題は「デイナは今後45年間対麻痺(ついまひ)に苦しむ。カウンティ当局がサンディエゴで最も危険な場所の一つであることを知っていながら、補修費200ドルを出し惜しんだために」である。私としてはこの主題は長すぎる感じがするが、これは主として事件の最も強い部分——傷害の永続性と問題を回避するための低廉なコスト——に焦点を当てるものである。

　債務者を騙して、競売物件を安く買い叩きもとの所有者に賃貸し、高値で転売するという不動産詐欺事件での主題は、「R——さんは競売を受けた人の救世主だが、わずか2年で億万長者になった」である。

　次である。事件の戦略をどう組立てたらよいか？　どんな証人を呼ぶのかをどうしたら決められるか？　どうしたらすべてを軌道に乗せることができるのか？　これから先に出会う可能性のある困難をどうしたら予測できるか？　プランニングのための新しいゴールデン・ルールがここにある。それはこれらの問題をすべて解決する。新しい事件の概要をつかんだらすぐに、

席につき最終弁論を書け

　そうだ。あなたの最終弁論だ。席に座り自信をもって勝訴の評決を獲得するために言わなければならないことを書きなさい。この段階では一部フィクションがあっても気にすることはない。それまでに知りえたことに基づいて、あなたの理想とする最終弁論を書き出すのだ。

　できあがったらそれを読みなさい。利用可能な証拠がどの程度弁論を支えているか検討しなさい。すぐにあなたはギャップ——足りない部分——に気がつくはずだ。このギャップを埋めようとすることが、すなわち事件の準備というわけである。ギャップを埋めることができると思えてきたら、次の準備にとりかかりな

さい。つまり、

席につき相手方の最終弁論を書け

これによって、まだ準備不足のところや弱点により一層鋭く焦点を当てることができ、あなたは誰よりも早くその弱点を知り、それに対処することができる。

これらの準備がすべて終わったら、席につき、そして

あなたの最終弁論を仕上げよ

これは、あなたの公判の青写真である。それはあなたの公判進行の記録となり、やるべきことすべての買い物リストであり、信頼できるチェックリストとなる。この最終プランによって、必要な証拠やそのプレゼンテーションの方法は一目瞭然となる。これは偉大な方法であるから、私はあなたにこれを推薦する。

さて、証人尋問の話に移る前に言っておくべき最後のゴールデン・ルールは何だろうか？ それは公判の全過程を通じて、とりわけ最終弁論において、あなたを導くものである。

彼らに家路を示せ

しばらく前にある弁護士から電話があった。彼はわたしのセミナーに参加したことがあり、以来ゴールデン・ルールについて考えをめぐらしていた。「ところで」と彼は言った、「このルールこそまさしくゴールデン・ルールですよ。他のすべてのルールはこれに含まれています。好人物たれというやつを忘れなければ、彼らに家路を示せは他のすべてを含んでいる。これこそ法廷弁護における最高のルールだ」

彼の言うのが正しいのかどうか私にはわからない。どれか一つのゴールデン・ルールについてそういうことが言えるのかもわからない。私として言えるのは、半ダースほどのものはそれ以外の別のルール——彼らを楽しませよ、物語を語れ、共感ルール、親切なガイド、彼らに準備をさせよ、ニュートンのルール——か

ら派生するということである。しかし、たった一つのルールをとりあげてそれが他のすべてよりも重要だといえるだろうか？　私にはわからない。これらの基本的なルールは樫の木から出た太い枝のようなものだ。私は彼にそう言った。「ああなるほど」と彼は言った、「けれども**彼らに家路を示せ**は木の幹そのものですよ」

そういう意味であれば、彼は正しい。このルールは、他のすべてのものがそこから生長してくる木の幹のようなものである。説明しよう。

彼らに家路を示せ。「家」とは何だろうか？　それはわれわれが求める評決、われわれの目標、目的であり、われわれが法廷にいるのはまさにそのためである。われわれがなしたことは、これを求めてなされたのだ。あの評決を得るためにすべてのことが行われたのだ。それが「家」である。

彼らに「路」を示せ。「路」とは何か？　これがこのルールの核心である。

事実認定者は、裁判官であれ、陪審員であれ、調停人であれ審判官であれ、彼らは通常あなたの事件にとってまったくの異邦人として関与をはじめる。彼らは初めての国を旅する人のようである。この国のどこかにあなたが彼らを連れて行きたい町、評決という名の町がある。その街への旅程は困難なものであることをあなたは知っている。もしもそうでないとすれば、あなたが法廷に立つ必要はない。そして、彼らを全員どこか他の場所に連れて行こうとしている対立者がいる。あなた方の前に、旅行者たちが集まり、前途に何が待ちかまえているのかわからず戸惑っている。あなた方は、振り出しから彼ら旅行者を競い合う対立する旅行代理店のようなものなのだ。

優秀な法廷弁護士は、即座に事実認定者たちをつかんで離さない。彼は、平坦な舗装された道を通って、面白い田舎道を抜ける、気楽で楽しい旅を彼らに案内する。彼は彼の町を、満足のいく場所、行ってみるに値する場所、歓迎される場所、単なる旅行者以上の歓待を受ける場所、新奇で興味深い感動——かつて不正があったところに正義をもたらす喜び——を体験できる場所として売り込む。

彼らの行くところ、もう1人のツアーガイドが背後を狙っている。彼は必死に追いすがろうとするが、近寄ることすらできない。

非公式の統計——私はそう言われた——によれば、陪審員はしばしば冒頭陳述を聞いただけで評決を決めてしまう！　その時の考えが、後々まで維持されるのだ。証拠に破綻が起こらない限り彼らは決して向きを変えることはない。彼らは彼らの好むガイドつき旅行を選び、それに従うのだ。そういうことは確かに起こる。私はそれを見たことがあるし、私自身やったことがある。私は、私のためにそうさせたのである。

　その町にいたる「路」はできる限り魅力的で平坦で安楽なものでなければならない。障害や困難にいたる路もあるが、あらかじめそれが何でありどこにあるかを知っておくことがあなたの仕事である。旅行者がそこに到達する前に、あなたはその障害を避けてとおり、困難を最小限にとどめる道順を計画しておかなければならない。あなたの旅行計画は、彼らを楽しませ注意を引き寄せる田舎を通りぬけるようにしておかなければならない。休憩をとる場所は慎重に計画されなければならない。少し散歩するとドラマチックな景観が現れて彼らに感嘆の機会を与えたのち、再び安楽な旅を続けられるようにルートを選ばなければならない。

　例の弁護士が、「彼らに家路を示せ」が他のゴールデン・ルールを包含すると言った意味がこれでわかったであろう。彼らを楽しませよがそこにある。親切なガイドも好人物たれも明らかにそこにある。もちろん準備もある。彼らに家路を示せが何のことであるかわかれば、そのルールがあなたの法廷弁護活動のすべてを通じて適用されるものであることが容易に理解できるだろう。

　具体的な話しをしよう。一般論としてそれがどのように適用されるのかは理解できた。そこでこのルールが実際に適用されている２、３の例を見てみよう。

　次の２つの言葉に焦点を当てよう。「簡単な」と「難しい」。

　平均的な人間にとって、ものごとを決定することは難しいことである。平均的な法廷弁護士が気づいているよりもはるかにそれは困難なことである。あなたに弁護士になろうという野心があるということは、当然のことながら、あなたは平均的な市民よりも決断力があるということである。たいていの人々は自分の決断を誰かに代わってやってもらうことを好む。どうしてよいかわからず悩んでいる時、彼らはいらいらして、打ちひしがれていることが多い。

あなたの仕事は、彼らの抱える困難を取り除いてやることである。あなたの使命は、彼らを決断の負担から解放することである。決断というものは本来彼らがする必要のないことである。なぜなら、それはおのずと明らかなことであるから。あなたは、彼らが評決のために評議室に退くまでに、結論が決まりきったものに見えるようにしておくことを目標に据えるべきである。つまり、あなたは、最初から最後まで、彼らの仕事を簡単なものにするために一所懸命努力しつづけなければならないのである。

　私は、当たり前のことを言っているだけに見えるかもしれない。事実認定者が苦労なしにわれわれの側につくようにわれわれが努力しなければならないのは、確かに当然のことである。しかし、またしても、ほとんどの弁護士はこのことをよく考えてはいないようである。私は、ある法廷弁護士が彼の依頼人を間違いなく刑務所に送ってしまう場面を目撃したことがある。その事件は量刑審理の段階に達していた。彼の依頼人は当初から有罪の答弁をしていたが、共犯関係にあった他の被告人は全員無罪を争い、陪審によって無罪放免されていた。本物の悪人が大手を振って自由の身になるのを見て、裁判官は罪を認めた唯一の人物に対して同情を感じていたことは明らかであった。非常に軽い刑を言い渡す「路」に横たわる困難は、第1に、それがかなり深刻な犯罪であったこと、そして第2に、事件前の数年間にその男には2件の前科があったことである。

　弁護人はたとえば次のように言うことができた。

「深刻な犯罪であり、しかも、裁判長、それはしばらく前の2つの有罪判決にまた一つを加えるものであります。これらの事情を考えると、裁判長としては寛大な量刑をするのには、いささか困難を感じることがあるかもしれません。しかし、私は裁判長の判断にお任せします。私は本件の公判審理すべてに関わったわけではありません。そして、裁判長はこの事件において正義が要求するものが何であるかを私どもよりもはるかによくご存知のことと思います」

　この弁論はいくつかのことを成し遂げている。

- それは、被告人に代わってかつ被告人の面前で、彼の犯罪が深刻なものであったことを公的に認めるものである。

弁護のゴールデン・ルール

- ●それは、被告人に前科がありしかもそれが簡単に見過ごしてしまえるようなものではないことを認めるものである。
- ●このような承認は、すべての裁判官が寛大であろうとする時に直面する困難——軽い刑期によって裁判所がその犯罪を深刻なものとは考えていないと思われる危険——を取り除くものである。
- ●また、これらの承認は、もう一つの困難をも取り除く。裁判所は被告人の前科を無視できない。軽い刑期を言い渡す時、それは裁判所が記録を見落としたからであると見られるかもしれない。それが本当だとすれば、公衆は安心できないであろう。

この例で用いられたような言葉によって、われわれは裁判官と同じ側にわれわれ自身を確実に置くことができる。弁護士は、寛大な量刑をすることに立ちはだかる諸問題を公に宣言し、承認することによって、われわれは、その犯罪が深刻なものではないと自分たちが考えているのではないかと思われる危険を取り除くことができるのである。前科の記録が見過ごされたのではないかと思われる危険を排除できる。裁判官に向かって、われわれもそれを知っていると告げるだけで、これらの困難を軽減できるのである。

そして、ここでニュートンのルールが用いられているのに気づいただろうか？

「これらの事情を考えると、裁判長としては寛大な量刑をするのには、いささか困難を感じることがあるかもしれません」

これに対する反作用は何か？　もしも彼が寛大な量刑をしたがっていたのであれば——その裁判官は確かにそうしたがっていた——、彼の反応は「まあ、私に任せなさい！」あるいは「確かにそのとおりだ。しかし、私のやり方を見なさい！」ということになることは大いにありえた。

しかし、その被告人の弁護人は実際に何をしたか？　彼は、その裁判官の感じた困難をより大きなものにしてしまったのだ。彼は立ち上がり、そして陽気に裁判所に向かってその犯罪はまったく深刻なものではないと言ってのけた。本当にとるにたりないものだと。そして、彼は被告人の前科は何年も前のものであるから完全に無視されるべきであると述べた。彼はそれを何度も繰り返した。

私は、裁判官の顔を見ていた。彼は最初当惑し、そして怒り出し、ついには冷静さを保つのに苦労しているようであった。彼は評判の良い裁判官の１人であり、明らかに軽い刑を言い渡したいと思っていた。しかし、この男の弁論の後で寛大にふるまったとしたら、まるで彼がたった今彼に向けて言われたナンセンスに同意したと見られるかもしれなかった。彼は２年間の実刑判決を言渡した。もしも弁護人が違っていれば、被告人は保護観察で自由の身になっていたであろう。

　彼らに家路を示せを知らないために、本来勝っていたはずの事件に負けることもありうる。私は、ある民事事件で勝訴の判決を得たのだが、それは私の事件が強かったからではなく、相手方がこのルールにひどく背いたからである。すべての証拠調べが終わった時、甲乙はつけがたかった。双方６、７人の証人を尋問したが、どの証人も優劣をつけがたかった。私は原告の代理人であるから、証明責任を十分に果たしていないのではないかと思い、敗訴を覚悟していた。

　その時、神様からの贈り物が舞い下りてきた。相手方代理人は最終弁論で裁判官──陪審員はいなかった──に向かってこう言った。私の側の証人は全員うそをついた。彼らは裁判所を騙そうとした。彼らはみな不正直であると。

　この弁論を聞いた裁判官の前に立ちふさがる困難についてちょっと考えてみよう。もしも、彼が私の相手方に有利な判決を下したら、それは彼が相手方の言っていることに同意したと見られるであろう。彼は、私も同じ意見だったが、証人はみな最善を尽くしたのであって意図的にうそを述べたとは考えていなかった。そして、いま彼はこれらの人々をうそつき呼ばわりすることを求められているのである。ニュートンが素早く作動し、彼はそれに従った。甲乙つけがたい難事件はこうして少し私の方に向きを変えた。判決の中で、裁判官は、原告の証人はうそをついてはいなかったこと、そして彼らの証言が相手方証人よりも好ましいものであることを指摘したのである。一件落着。

　以上は、２つの極端な例である。彼らに家路を示せは通常もっと微妙なものである。そして、このゴールデン・ルールを働かせるためにはさしたるテクニックも必要ではない。彼らの困難を除去するために、あなたができることをすべてやる必要があるということに考えを集中すれば、あなたはきっとうまくそのルールを働かせることができる。あなたの事実認定者の抱える困難についてじっくり考え

てみなさい。そうすればその困難について何かをすることができるだろう。

　いずれにしても、私があなたに与える最後のゴールデン・ルール——あらゆる法廷弁護にあてはまるゴールデン・ルール——というものがあるのだ。そのルールを考え、心に留めるだけで、あなたの法廷弁護は否応なしに上質なものになる。そして、証人尋問を論じる時には、あなたは非常に多くのやるべきこととやってはいけないことをあなたが既に心得ていることに気がつくであろう。

　というわけで、いまこそ証人尋問の話しに移ろう。

THE EXAMINATION OF WITNESSES

証人尋問

何年か前に、飛行機のなかで雑誌を読んでいて一つの短いコントを見つけた。それを切り抜き、あとでその断片をタイプしておいた。

　急に雲行きが怪しくなった。彼にはよくわからなかった。彼女は彼のそばを立ち上がり部屋の向こうに歩いていったが、その目は燃えていた。

「あなた！」
彼女は言った。
「あなたが弁護士だってことが問題なのよ！　あなたはいつでも自分が何を言うかよりもどう言うかの方が大切だとでも言いたいような感じでものをしゃべる」
「いったい全体、僕が何を言ったっていうんだい？」
「それが問題なのよ！」
彼女は爆発した。
「あなたが何を言ったかではなく、あなたの言い方が問題なの。あなたは自分の欲しい答えを考えてから質問する。そして、あなたの質問はいつもその答えを手に入れるように導いていくのよ」
彼女は早口でまくしたてはじめた。
「あなたが本気で話しをしているのか、私に何かを言わせるために糸を操っているだけなのか、わからなくなる時があるわ」
「その例をあげてごらん」
彼は困惑してそう言った。
「ほらね」
彼女は応じた。そして、踵(きびす)を返して、ドアから消え去り、後ろ手にドアを叩きつけるように閉めた。

　この話に登場する御婦人がどんな人かは知らないが、彼女は、法廷弁護士と一緒に生活することの不便の一つを明確に知っており、また、証人尋問に関する第１の、そして最も重要なゴールデン・ルールを正確に指摘したのである。彼女の言葉を繰り返そう。

　あなたは自分の欲しい答えを考えてから質問する。そして、あなたの質問はいつもその答えを手に入れるように導いていくのよ。

有能な法廷弁護士と一緒に生活するのは難しいに違いない。なぜなら、われわれのしていることはまさに彼女が言うとおりだからである。それこそ、われわれがしなければならないことなのだ。自分の欲しい答えをあらかじめ考え抜き、それからその答えを、その答えだけを得られるように質問を組み立てるのだ。

　法廷弁護の第1の次元をもう一度思い出してみよう。公判がはじまる時にはわれわれはもはや真実を探求するのではなく、自分に有利な意見を求めているのだ。証拠法則は証人が発言できること、証人に質問できることを厳しく制限している。しかし、それでもなお証人が述べることに基づいて事件は判断されなければならないのだ。

　あなたが成功するか失敗するかは、彼らが何を言い、そしてそれをどのように言うかにかかっている。それに意識を集中しなさい。これは当たり前の真実であるが、見過ごされやすい。

　証人が何を言い、そしてそれをどのように言うかをコントロールするのは法廷弁護士の仕事である。この2つの変数をコントロールできない弁護士は、自動車をコントロールできないドライバー、飛行機をコントロールできないパイロット、ドリルをコントロールできない歯医者と同じくらい危険である。それはあなたであって、他の誰でもない。

　証人尋問の最初のゴールデン・ルールは、

思考コントロール

である。例の物語の婦人はまったく正しい。

彼らに何を言って欲しいかを知り
それから彼らにそれを言わせよ

　これこそすべての成功した証人尋問の秘訣である。これこそあなたの基本的な目標である。この真実があなたの体内に入り込み、染み渡り、そしてあなたの一部になるようにしなさい。これこそ、あなたが実践しなければならないコントロー

ルをいかに実践するかを示す秘訣である。

　それは、あなたの私生活にもほぼ確実に影響を及ぼすものである——あの物語の弁護士の生活に影響を与えたように。あらかじめ聞きたいことを知ったうえで相手方にそれを言わせようとするという習慣をひとたび獲得すると、その習慣を破るのがほとんど不可能になってしまうことを、あなたは思い知るであろう。妻や夫が「弁護士のように話すのを止めたらどうか？」と苦情を言う時、彼らが本当に言いたいのはそういうことではない。彼らが真に言いたいのは「弁護士のように考えるのを止めたらどうか？」である。それは難しい。証人尋問の技術が向上してくるにつれて、あなたは会話の相手としては嫌な相手になる危険がある。気をつけていないと、裁判所だけでなく日常生活でも、知らず知らずに話し相手に言って欲しいことを言わせるために糸を操っていることになりかねない。これには十分気をつけよう。さもないと人間関係を台なしにしてしまう。

　われわれにはみんな糸がついている。熟達した尋問者の手にかかると、われわれは皆操り人形のようになってしまう。法律家としての教育を受けたわれわれですら、巧みに組み立てられた尋問によって誘導されてしまう。テレビを見る時間のある人は「はい大臣」("Yes Minister")というコメディーシリーズを見たことがあるだろう。その一場面を見てみよう。上役の官吏が部下に世論調査で望みどおりの結果を得る方法を伝授している。話題は国民徴兵制の復活についてである。

「さあバーナード、きれいな若い御婦人がクリップボードを抱えてやってきたぞ。まずは良い印象を与えなければならない。能なしに見られたいかね、君？」
「いいえ」
「彼女は質問をはじめる。あなたは、多くの若者が失業しているのを心配していますか？」
「はい」
「あなたは10代の若者の犯罪が増えているが心配ですか？」
「はい」
「あなたは、わが国の中等学校には規律が欠けていると思いますか？」
「はい」
「あなたは、若い世代の人々も人生において多少の権威と指導を喜んで受け入れると思いますか？」

「はい」
「彼らは、挑戦に応じると思いますか？」
「はい」
「あなたは、徴兵制の復活を支持しますか？」
「ああ、……ええと、そう思います」
「はいですか、いいえですか？」
「はい」
「もちろん君は賛成だ、バーナード。いずれにしても、すでに君はノーとは言えない風情だ。……その若い御婦人が君から正反対の答えを引き出す方法もある」
「どうやって」
「ウーリイさん、あなたは戦争の危険を心配されますか？」
「はい」
「あなたは、若者に武器を持たせ、人殺しを教えるのは危険だと考えますか？」
「はい」
「人々にその意思に反して武器を取ることを強要するのは誤りだと思いますか？」
「はい」
「あなたは、徴兵制の復活に反対されますか？」
「はい!!」
「ほら、このとおりだ、バーナード。君は完璧などっちつかずの見本だ!」

この話では次の諸点が重要である。
- 尋問者は自分が証人に言って欲しいことが何であるかを正確に知っている。
- 彼女は一連の尋問によってその答えに到達する。
- 一つ一つの質問は、いずれもそれに対する答えが彼女の意図するとおりであることがほぼ確実に保証されるものである。

いかなる尋問もこのように組み立てられなければならない。自己側証人に対する尋問であれ、反対尋問であれ同じである。

あらゆる尋問は一連の目標の集積でなければならない

証人にＡ、Ｂ、Ｃという事項を認めさせることをまず目指し、そしてその結果として、Ｄを認めさせることを目指すようにしなさい。あなたは、あらかじめ、Ａ、Ｂ、Ｃが何であり、そしてＤが何であるかを正確に知っていなければならない。証人に何を言わせるか、何を認めさせるかを、正確に知っていなければならないのである。

　たとえば、貨物列車――連結した貨車――を考えてみるとよい。一つの貨車が一つの目標である。それぞれの目標は、あなたの欲する答えに導く一連の質問から成り立っている。あらかじめあなたが聞きたい答が何であるかを考え、そしてその答えに導くように質問を作るのだ。一つできたら、次の貨車に移れ。

　はじめに、個々の証人ごとにあなたの尋問全体の目標を設定しなさい。たとえばそれがあなた自身の証人であれば、あなたの尋問の全体目標はたぶん実際に起ったことの物語を語らせることであるだろう。あなたの専門家証人であれば、その全体目標は彼の意見とその根拠を提示することである。それが相手方証人であれば、この後すぐに論ずるような、違った全体目標を設定することになる。いずれにしても、全体目標が何であるかを正確に知っておくことが必要である。

　全体目標を設定したら、次はそれを一つ一つの目標に分解して、貨物列車に振り分け、そして一つ一つ順番に、貨車ごとに作業していくことになる。

　これらのこと――個別目標のみならず全体目標――を取り扱う時は、「もしもこれならば、あれ。もしもこれこれならば、次は、どれどれ」というふうに考えながら作業しなさい。これとこれと、そしてこれという具合に個々の事項をとりあげるように質問を組み立てなさい。そのうえで、それらの事項の結果として導かれる事柄を証人が述べる、あるいはそれに同意するように証人を導きなさい。そして、この結果として導かれる事柄が、まさにあなたが聞きたいと願う言葉にほかならないのだ。

　このやり方で尋問をやり通すこと――それぞれの貨車にあなたの欲しい答えが載っており、その答えがそこにある理由も存在するならば――、あなたは特別なことを既に成し遂げたといえる。つまり、事実認定者にとって、あなたの弁護術は抗あらがいがたいものと映るだろう。なぜか？　それは、事実認定者があなたの進む

道を一つ一つたどったことになるからである。そして、あなたが抗いがたい者でありえた時、あなたは彼らの意見を勝ち得るだろう。

　あなたがこのように尋問をするならば——全体目標と個別目標とをあらかじめ知り、順番に一つ一つの貨車を整備し、先に進むにつれて、なぜあなたが獲得した答えが獲得されたのかが判明してゆくならば——驚くべきことに、証人尋問は難しくないということがよくわかるだろう。弁護士がこの仕事を恐れている理由、なぜあれほど多くの弁護士がこれを苦手としているのかと言えば、彼らは自分たちのしていることを理解していないからであり、彼らは決してその仕事のための青写真を示されたことがないからである。いま分析してみたように、それは慎重に一歩一歩行う仕事なのであって、決して誰も恐れる必要はないのである。

　しかし、それは膨大な量の準備を必要とする。それは集中的な思考を必要とする。良い尋問を計画するには多くの時間を必要とすることがある。そのことをあらかじめ知り、あなたの時間表をできる限りやりくりしなさい。素早くできないからといって自分を無能だと考えてはいけない。あなたの欲する答えを保証する一連の質問を考えつくことが他の何にもまして重要である。それは熟練や天才を要するものではない。しかし、慎重な思考を、そして時として大量のそれを必要とする。

　自分の依頼人の尋問を準備する時には、明らかにあなたは優位に立てる。あなたは、依頼人に事前準備の機会を与え、すべてをリハーサルしておくことができる。それは規則違反にはならないし、また、あらゆる点で誠実に徹して行うならば、法廷証言を丸暗記させることに対して、道徳的にみても異議を差し挟む余地はない。

　反対尋問に関しては、そのようなリハーサルを行うことは不可能である。しかし、まったく同じゴールデン・ルールが適用される。その証人に何を言って欲しいのかを知り、そしてそれをその証人に言わせなさい。あなたの目標を知り、正確に一連の尋問を組み立てなさい。そうすれば、あなたは決してコントロールを失うことはない。しかし、反対尋問についてはまたあとでとりあげることにしよう。証人尋問一般について、その他のゴールデン・ルールにはどんなものがあるだろうか？

証人尋問に関するゴールデン・ルールのほとんどについて、われわれは既に知っているということをまず言っておきたい。

簡潔に

彼らを楽しませよ

彼らに物語を語れ

完全に誠実に

弁護士のように振る舞ってはいけない

繰り返しには注意せよ

自分の証人の口に言葉を詰め込んではいけない

アイ・コンタクト

彼らに何か見るものを与えよ

好人物たれ

「彼ら」ではなく「われわれ」と考えよ

相手方が気づく前に自分の弱点を知れ

細部を避けよ

単純明瞭に

はじまりを考え、中盤を考え、そして結末を考えよ

集中して聞け——とくに自分の尋問に対する答えを

テンポと調子を変化させよ

共感を思い出せ

常に完全にフェアに振る舞え

彼らに家路を示すことを決して忘れるな

　これらすべては、手続の他の過程におけるのと同様に、証人尋問においても重要なことである。

　けれども、ここでとくに証人尋問というものに関わる3つのルールを示すことにしよう。

普通の証人は記憶に基づいて話すということを決して忘れてはいけない

　少しこのことを考えてみなさい。ここで問題にするのは専門家証人とか警察官

ではない。このような証人は通常メモなどの援助を得て証言する。われわれがここで問題にするのは、平均的な素人証人であり、要するに、何かを見たり聞いたりしたことから、いまそれをわれわれに告げることになった人々である。「記憶」という言葉に焦点をあて、記憶というものが何と移ろいやすく不完全なものであるかを知りなさい。それが普通どのように機能しているのか考えてみよう。

　人々は何かを見聞する。彼らはそれを一つあるいは複数の感覚によって知覚する。彼らは否応なしに彼らが知覚したものを解釈し、そして彼らの記憶のなかに保存されるのは、この知覚に関する彼らの解釈なのである。

　ここで誤りをおかす機会が２つある。第１に、彼らの解釈に誤りがあるかもしれないということ。第２に、彼らの行う回想も完璧なものにはほど遠いということである。ある出来事の証人はたいていの場合、そのことを後で思い返す。彼らが見聞したことの大部分は明瞭に覚えているとしても、彼らの回想にはたいてい鈍った刃の部分、すなわち不完全な知覚の断片が存在する。このような断片は彼らを不安にさせる。彼らはそれを不快に感じる。あなたが何かを思い出そうとする時、あなたは完全な描写を——あなたにとって意味のある説明を欲する。そこであなたは例の不完全な断片を気遣い、それがあなたの記憶の他の部分とうまく調和するようにしてしまうのだ。

　これはほとんど無意識に行われるのだが、誰でもやっていることなのだ。「私が覚えているのはここまでだ。それでは意味をなさない。しかし、私はそれでも気にしない」などと喜んで言う人は異常である。われわれのほとんどは不安を感じ、自分の記憶が完全に意味を持つように努める。そして、そうすることによって鈍った刃を研ぎ出すのだ。そうすることによってのみ、回想を記憶の中に調和できた時においてのみ、われわれが真に心安くしていられるのである。

　しかし、われわれがひとたび自身にとって快適な回想を作り上げ、それを記憶のなかに保存してしまうと、今度はそれを失うまいと警戒して防御するようになる。誤りを認めるよう求めることは、例の鈍った刃を研ぐ前の不快な状態に逆戻りするよう求めるのと同じである。これがほとんど誰でもする無意識の反応であることをよく覚えておきなさい。われわれは自分の記憶に対して攻撃を受けることは自分の人格に対する攻撃にほかならないと考えがちである。それは自我の問

題なのである。知覚したと信じていること、記憶していると信じていることを防御しようとする時、われわれは大いに頑固になる可能性がある。だから、

**あなたは事実そのものを扱っているのではなく、
証人が事実であると信じているものを扱っているのだ
ということを決して忘れてはいけない**

このルールを念頭におき、また、われわれのほとんどが自分の信念を防衛しようとする時にいかに頑固になるのかということを念頭におくならば、あなたは次のことを忘れないだろう。

証人の回想を攻撃する時は穏やかにやりなさい

あなたが穏やかに振る舞い、修正された回想に異を唱えることに純粋に躊躇しているように見えるならば、証人が頑固になる可能性は少ない。もしも、あなたがその証人に対して、少なくともある1点において彼の記憶が間違っているに違いないということを共感をもって示すことができるなら、彼はどの点についても真に定かなことはないと進んで認めるかもしれない。もしも、あなたが彼の回想に一つの小さな亀裂を見つけだし、それを彼に対して優しく示すことができるならば、彼は完全に屈服してしまう十分な可能性がある。私は、それが起こるのを何度も見たことがある。そして、この方法によって主張全体が崩壊してしまうこともあるのだ。証人の回想に対しては穏やかに対処しなさい。それは、証人の自尊心と同じくらいに注意深く取り扱われなければならないのである。

さて次は「人に頼るな」というルール。

決して証人に助けを求めてはいけない

このルールには、一般的な場合と特別な場合とがある。一般的にいって、このルールは、あなたのコントロールが完璧に近い状態になるほどまでに、事前準備をすることをあなたに要求する。計画を誤ったために、証人があなたの不備なコントロールの補完をしなければならなくなるような事態に決してならないようにしよう。証人は、そういうことを決してしてくれない。

特別な場合というのは、こういうことだ。弁護士がやるべき準備を怠り、そのために彼は、証人が言えることと言えないことを正確に知ることができないとしよう。裁判官あるいはたぶん陪審員からも質問が差し挟まれる。その弁護士は答えを知らない。彼は仕方なしに証人にすべてを委ねる。ここで何が起ろうと、すべてはほかならぬその弁護士の責任である。彼はやるべき準備を怠った。こうした状況に対しては十分な救済方法はない。だからこうした状況に陥らないように努力しなさい。

ここで証人尋問一般に当てはまる2、3のヒントをあげ、それから主尋問、反対尋問、そして再主尋問に移ることにしよう。

速記録1行を目指せ

速記録というものを見たことがあるだろうか。いずれにせよ、すぐに見ることになる。速記録の1行には10語から14語が含まれる。質問がこの1行に収まるように努力してみることは良い訓練である。もちろんそうすることができない場合もある。ある種の質問はどうしてもずっと長くなってしまう。しかし、これを目指すことはすばらしいことであり、あなたがいつも**速記録1行の理想を心に留めて**おけば、あなたの尋問は玄人らしく、わかりやすく、そして確実により効果的なものになるだろう。

あなたが速記録1行を心がけていれば、たぶん次のヒントは無用であろう。それは、

複合質問をするな

である。

「交差点のどこで、そしてあなたは……を見たのですか？」

ここには2つの質問がひとまとめにされている。一度に一つの質問しかしてはいけないことはあまりにも当然なことである。しかし、弁護士はこのルールを破りつづけており、その結果、不必要な介入を招くことがある。次は、

陳述しているのではなく、質問をしているのだということをはっきりせよ

　法廷弁護士が、文の終わりの方で語尾を上げてそれが質問になるようにしながら、陳述をしている姿を見かけることがよくある。これはプロらしくないし、速記録で読むと惨澹(さんたん)たるものである。正しい質問の方式には次の4つがある。

第1　単純質問
「6月3日の夜あなたはどこにいましたか？」

第2　命令型
「裁判長と陪審員の皆さんに、6月3日の夜あなたがどこにいたのか述べてください」

第3　招待型
「陪審員の皆さんに、6月3日の夜あなたがどこにいたのか述べていただけませんか？」

第4　供述および確認要請型
「6月3日の夜あなたはアイリントンのキャムデン・アームズにいた。そのとおりですか？」

　最後の型はもちろん誘導尋問である。これを使う時は注意が必要である。その他の3つは、コンスタントに使われてよい。第1の型ばかり使って証人を尋問するのは、間違いなく非常に経験の浅い法廷弁護士である。彼は質問をするばかりで、決して招待したり、命令を発したりしないのだ。そのために四角張った不自然な尋問となる。尋問の型を変化させなさい。質問、招待、命令を機械的に繰り返すようなことは勧めないが、尋問を真に迫りかつ興味を惹くものにするためには、方式の変化は不可欠である。

　証人尋問一般に関する最後のヒント。

「はい」か「いいえ」かの答えを要求するには注意せよ

これをすると、いじめているように見えてしまう危険がある。それでは明らかに**弁護士らしく振る舞う**というルールに違反しているし、裁判官と陪審員を敵に回してしまうかもしれない。それが、取調官の尋問方法だということを人々は知っているし、また答えは「はい、しかし、……」というものが多いということも彼らは知っている。もしも、あなたが「はい」なのか「いいえ」なのかを要求し、その答えが「はい、しかし、……」であったならば、決してその「しかし、」を打ち消してはならない。そんなことをすれば、あなたはアンフェアであると見られ、あなたは親切なガイドの役を放棄してしまうことになる。それは非常に危険なことである。

　それにしても、これは魅惑的な尋問である。「はいなのか、いいえなのか、どっちですか？」式の質問は白黒をはっきりさせる道具である。危険すぎてこの方法を使えないのは残念なことではある。

　方法はある。少し改良すれば、これをまったく安全に使うことができる。多少の優しさと丁重さを加え、命令口調をお願い口調に変えることによって取調べの雰囲気を取り除けばよいのだ。

　「○○さん、もしも可能であるならば、次の質問にイェスかノーかで答えていただけませんか？　6月3日の晩、あなたはアイリントンのキャムデン・アームにいらっしゃいましたか？」

　質問をこのように構成することによって、あなたの態度は穏当になるし、外見的にも穏当と見られ、かつ事実認定者からも穏当であると感じられることだろう。あなたは証人に「あなたはこれができますか？」と尋ねたわけだが、もちろん事実認定者は、証人にはそれが可能であることを知っている。これほどフェアなあなたの質問に対して、もしも彼が「はい、しかし、……」などと答えてあなたの尋問にけちをつけたとすると、立場を失うのは証人であって、あなたではない。

　「もう一度お願いします。もしも可能であるならば、次の質問にイェスかノーでお答えいただけますか？　あなたはその晩ロージー・オグラディを見かけましたか？」

　やりすぎてはいけない。滑らかな法廷弁護のための他のすべてのテクニックと

同じである。やりすぎれば、それはやがて気づかれる。すべてのテクニックは上手な料理人が使うスパイスやガーリックと同じ程度に使うべきである。それによって料理を仕上げるのであって、それがしゃしゃり出てはいけない。

　さあ、主尋問、反対尋問、そして再主尋問へと進もう。

EXAMINATION IN CHIEF

主尋問

主尋問に適用される2つの技術的なルールは、非常に大切なもので、いずれもゴールデン・ルールと考えておかなければならないものである。このルールは、手短に説明できるが、完全に理解しておかなければならない。

誘導尋問に関するルール

　われわれは既に誘導尋問を検討し、それがいかに証言の価値を減殺するものであるかを見てきた。そして、自分の証人を尋問する時には誘導尋問が禁じられることも指摘した。しかし、これには少なくとも4つの基礎的な例外があるので、あなたはそれがどんなものかを知っておかなければならない。

　同意による誘導尋問。相手方が同意した時には、いつでも誘導尋問を用いることができる。事件には通常ほとんど争いのない部分がある。時間を節約して、こうした部分をやり過ごすために、誘導尋問ができるようにあらかじめ相手方と合意しておく。そして、それには十分な注意が必要である。繰り返し言っておく。この方法によって時間を節約し、あなたの仕事をやりやすくすることができるとしても、この方法によって提出される証拠を事実認定者はほとんど価値のないものと見なすだろう。また彼らは、証人は弁護人が言って欲しいことを言っているにすぎないと感じるだろう。そして、この感覚はその証人の残りの証言全体に対する彼らの態度に影響を与え、さらにあなた自身に対する彼らの態度にも影響を及ぼすだろう。利益と不利益を比較考量しなさい。同意による誘導尋問は、時間と労力を節約するが、コストの方が大きいこともあるのだ。

　争いのない事実。相手方の同意がなくても、これらの事実は誘導尋問によって提出することができる。あなたは訴状、答弁書、準備書面などによって争いのない事項を知ることができる。しかし、たったいま論じた点がここでもあてはまる。証拠価値の減少が問題になると思える時は決して誘導してはいけない。

　争う余地のない事実。非常に明白で争う余地がなく誰もがそれが真実であることを知っている事項がある。これらの事実については誘導することができるし、また、リスクはまったくない。

　否認のための誘導。この場合あなたには選択の余地がない。あなたは誘導尋問

をするしかない。「6月3日の晩、あなたはアイリントンのキャムデン・アームズにいましたか？」——「いいえ」。規則は、自分の証人に何かを否定させるために誘導尋問をすることを常に許している。

　アメリカには、主尋問において守らなければならない技術的なルールがもう一つある。イングランドにはないものであるが、それを知っておくのは有益である。なぜなら、それは尋問を組み立てる道具の一つをあなたに提供するからである。主尋問は、うまくやるのが最も難しい行為の一つである。そして、その原因はそのやり方に関するガイドラインがあまりないことにある。このアメリカの必修ルールは、少なくとも一つのガイドラインを提供するものであり、自発的にこれに従えば、あなたの主尋問はより明晰で引き締まったものになる。それは「基礎作りルール」("Foundation Rule")と呼ばれるものである。その内容は、

いかなる事項であれ、それを尋問する前に
証人がそれに答える資格があることを示す
基礎を作っておかなければならない

というものである。
　このように理解しておこう。

どうしてそれを知っているのかを証言するまでは
証人は自分の知っていることを証言できない

例をあげて説明しよう。

「ジョーンズ夫人、あなたはグローブ通りとノルトン街の交差点に立っていたとおっしゃいました。そのとおりですか？」
「はい」
「グローブ通りの信号は何色でした？」
「異議あります！」
「異議を認めます」

何が足りなかったのか？　証人は彼女が信号機を見える位置に自分がいたこ

とを証言していない。さらに、彼女は彼女がそれを実際に見たと言っていない。彼女がこれらのことを言うまでは、信号機が何色であったかを彼女が証言する「基礎」がないのである。

このように規則は簡単なものであるが、アメリカの弁護士がこれを知らないと──知らない者が多いのだが──、彼は自ら招いた異議──すべて認められるだろう──によってほとんど木っ端微塵に粉砕されてしまうかもしれない。彼は何がいけないのかわからず、陪審員たちは天井を見つめたり、爪をいじったりしはじめる。そして、おそらく今後、彼が陪審員の注意を取り戻すことはないであろう。

イングランドではこれは必修ルールではないが、巧みな証人尋問は最初から最後まで基礎作りルールに則って行われているのである。だからこれを念頭において尋問する習慣を身につけよう。自分に対して次の質問をするようにしなさい。この証人はどのようにして（how）、彼女が知ったこと（what）、を知ったのか？
どのように？　何を？　どのように？　何を？　「どのように？」と「何を？」との間を行き来する習慣を身につければ、あなたの尋問はその往復のリズムに乗ってくる。尋問はより明確でわかりやすいものになる。

主尋問に適用される他のルールは何か？　私自身が繰り返しを行う危険をおかすことになるが、それらは、すべていままでに述べたゴールデン・ルールに尽きる。もう一度最初から繰り返す必要はないだろう。しかし、あなたと共有したいテクニックが２つある。

しばしば、あなたが主尋問をはじめようとするその時に相手方弁護士が身を乗り出して「誘導尋問をするのは絶対に止めていただきたい」と言ってくることがある。あなたはそれができるだろうか？　それができない法廷弁護士なるものは、法廷弁護士の名に値しない。そして、その方法を知らないとすれば、それは行うのが最も難しいことの一つとなる。

誘導尋問なし。証人は宣誓した。「わかりました、スティル弁護士」と裁判官は言った。

あなたは尋問をはじめる。

「スヌーク夫人、1987年6月3日の夜、あなたはどこにいましたか？」
「まったく、裁判長！」
相手方は言う。
「代理人は日付に関して証人を誘導しました！」

確かにあなたは誘導した。あなたは証人の口に日付を挿入した。これが刑事事件で証人がアリバイ証人だとしたらどうだろう。日付は非常に重要なポイントであり、あなたはこの証人が述べるかもしれないすべての証言を台なしにしてしまったのである。どうしたらこれを避けることができるか？　ちょっとした水平思考を用いればよい。常に役に立つテクニックを教えよう。

「スヌーク夫人、法廷に来ていただいたことを感謝します。もしもよろしければ、あなたがここに呼び出された理由が何かご存知か、おっしゃっていただけますか？」
「私が見た喧嘩のことだと思います。そうじゃありませんか？」
「どの喧嘩ですか？」
「アイリントンのキャムデン・アームズで起こった喧嘩です」
「あなたは、アイリントンのキャムデン・アームズで起こった喧嘩を見たとおっしゃりたいのですね？」
「はい」
「法廷にいる皆さんに、あなたがその喧嘩を見た日付を言うことができますか？　まず、この質問にただ『はい』か『いいえ』で答えてください」
「はい」
「その日付をあなたが覚えている理由は何かありますか？」
「その日は私の結婚記念日でした」
「大変結構。それではあなたがアイリントンのキャムデン・アームズで喧嘩を目撃したのがいつか述べてください」
「6月3日でした」

この冒頭の質問「あなたがここに呼び出された理由が何かご存知か？」は決して失敗しない質問である。証人は常にそれを知っているし、彼らは最初にこのよ

うな優しい質問をされてとても驚くが、緊張していてもしていなくても、彼らはあなたに十分な答えを提供する。こうしてスタートすることができれば、もう大丈夫である。そして、彼女に日付を言わせる前に**基礎作り**をしている点に注意しなさい。彼女がどのようにしてそれを知っているのかを聞き、それからその日付が何であるかを聞いている。

マーフィの方法。「どのように？」という質問と「何を？」という質問の反復——基礎作りをまずしてから事実を引き出す——によって作り出される反復のリズムについては既に述べた。この方法を使うと、あなたの主尋問は一対の質問の形で進行することになる。どういうわけかはわからないが、この尋問方法は非常な満足感を与えてくれる。

主尋問で対質問を使うやり方がもう一つある。私の博学な旧友であり、『ブラックストンの刑事実務』の編者であるピーター・マーフィが私にかわってこの方法に気づいてくれたので、これをあなたに推薦しよう。要するに尋問を一対にするのだが、はじめに一般的な質問をし、次に個別的な質問をするという方法である。例を示そう。

「スヌークス夫人、あなたは６月３日にアイリントンのキャムデン・アームズにいたとおっしゃいました。あなたは誰か知り合いを見かけましたか？」
「はい」
「誰を見たのか言ってください」
「被告人を見ました」
「それ以前に彼とあったことがありますか？」
「その前の週にキャムデンで彼を見かけました」
「前の週に見かけた時、彼は何かしていましたか？」
「はい」
「彼が何をしているのを見たのか述べていただけますか？」

はじめの質問が常にオープンな質問、一般的な質問になっていることに注意すべきである。

「あなたは、いままでに……したことがありますか？」

「あなたは彼が何かしたのを見かけましたか？」
「あなたは何か見ましたか？」

　このような質問に対して「はい」という答えを得たうえで、次に、より個別的なディテールを尋ねる質問に進むのである。対質問を念頭において尋問するように心がけると、あなたの主尋問はやりやすくなり、かつ耳にも心地よいものになるに違いない。

　大変結構。それでは反対尋問に行くことにしよう。

CROSS-EXAMINATION
反対尋問

さて、ここでは何か特別なルールが適用されるのだろうか？　われわれは既にその多くを取り扱った。私がこれ以上何も言わずあなたがこれまでのすべてのゴールデン・ルールを実践しただけだとしても、既にあなたは大部分の人よりもずっと良い反対尋問者になっているはずである。しかし、どのゴールデン・ルールが反対尋問にとって最も大切であるか？

思考コントロール

自分が欲する答えをあらかじめ知り、
その答えのみに導く一連の質問を組み立てよ

貨物列車のアプローチ、
貨車に次ぐ貨車、目標に次ぐ目標

好人物たれ

　好人物たれは裁判における他のいかなる場面と同じようにここでも重要である。あなたが証人をつらい目に合わせたために、事実認定者が証人に同情しはじめるというのは避けなければならない。証人を粉砕することであなた自身が意地悪な役まわりをする場合は、必ずそれが正当であると陪審員が感じるようにしておかなければならない。ここではアイコンタクトがとても重要である。

はじまりを考え、中盤を考え、そして結末を考えよ

　とくに、どのような結末にするのかを考えなさい。単に質問することが尽きて止めるなどということにならないようにしよう。それでは劇は台なしだ。高い調子で結末を迎えるように心がけよう。

　反対尋問のための特別のルールというものはある。それらについては後に触れるとして、ここでは反対尋問というものが何のためにあるのかを、われわれの頭の中で明確にしておくことにしよう。ちょっと時間を割いて、実践哲学について考えることにしよう。その目的は何か？　わずか2つの目的しかないのである。

第1：もしも証言があなたの主張にダメージを与えるものであるならば、結論を導くうえでその証言を信頼するのは危険だということをあなたは示したい。
第2：証人があなたにダメージを与えるかどうかにかかわらず、彼はあなたの主張にとって役に立つ証言をしてくれるかもしれない。もしそうなら、反対尋問はそのような証言を引き出す機会である。

　以上が反対尋問の2つの目的である。これ以外には何もない。第2の目的——新たな有利な証言を獲得すること——についてコメントは不要である。一つの警告——「注意深くやれ」——の他には。けれども、反対尋問の第1の目的——証言が信頼できないことを示すこと——は細心の検討を必要とする。

　少し立ち止まり一般的な問いを発してみよう。証言が信頼できないとされるのはどのような場合か？　問いを発してみれば答えは明白である。何らかの理由により信頼できない証人の口から出た証言だからである。そうすると次の問いが発せられる。どのような理由によって証人は信頼できないとされるのか？　その答えは次のリストにまとめることができる。

- 証人は、自分が知覚したことを正しく解釈しなかったかもしれない。彼は、自分が見聞したことを理解できなかったかもしれない。彼は、誤った結論に飛びついてしまったのかもしれない。
- 証人の記憶力に問題があるのかもしれない。
- 証人は不誠実であり、事実認定者を意図的に騙そうとしているのかもしれない。

　要するに、証人は間違っているか、物覚えが悪いか、あるいは不誠実であるかのいずれかである。もちろん、これら3つのうちのいくつかの組み合わせもありえる。

　証人が間違っているかもしれない可能性について考えてみよう。なぜ間違えるのか？　彼ははっきりと見なかったかもしれない。彼ははっきりと聞かなかったのかもしれない。もっと重要なのは、彼ははっきりと理解できなかったかもしれないということである。彼は知覚の鈍った刃を研ぎ出し、記憶の中にまったく不

弁護のゴールデン・ルール

正確なものを保存してしまったかもしれない。こうした場合、反対尋問者は何をすべきか？　もちろん、あなたはその証人が知覚したものが何であるかを正確に発見し、それを彼の結論するものから選別しなければならない。あなたは彼の知覚がどこまで到達したのかを発見し、それを厳密な事実のレベルまで分解しなければならない。結論を引き出すのは事実認定者の仕事であって、証人の仕事ではない。

　厳密な事実に分解してみると、あなたはほとんど常にそれらの事実が一群の不確実に覆われていることを発見するであろう。その**不確実な外縁**を探索すれば、あなたは多くの「わかりません」という答えを得ることができる。「わかりません」が多ければ多いほど、証言はより信頼できないものと感じられるのである。

　しかし、それは反射的な利益である。証人が厳密な事実として何を実際に記憶しているのかを発見する唯一の方法は、彼の**不確実な外縁**を探り当てることである。

　証人が自分の知覚した厳密な事実が実際のところいかなるものであると考えているかがわかったら、次に彼の**物覚えの悪さ**と彼の**不誠実さ**とを考えなさい。

　証人の**物覚えの悪さ**をどのように探索するか？　ここでも**不確実な外縁**アプローチを用いて、周辺の状況のうち何を覚えているかを証人に尋ねる方法がある。「覚えていません」という答えが多ければ多いほど、その証言の信頼性は低く見えるようになる。

　しかし、反対尋問において物覚えの悪さという問題に対処する最善の武器は法律家が**従前の自己矛盾供述**と呼んでいるものである。普通の言葉で言うと、彼は以前には違う話をしていたのではないか？　ということである。あなたが幸運にも従前の自己矛盾供述――宣誓供述書であれ、書簡であれ、警察官への供述であれ――を獲得したなら、あなたはそれについての質問を証人にすることができる。供述書であれ何であれそれを彼に示して、彼の法廷での証言が彼が以前に述べたことと異なっていることを彼に認めさせる。これによって、彼の現時点での信頼性は確実に弱められる。

しかしながら、2点警告すべき点がある。

第1：細かな、重要でない食い違いにこだわって時間を無駄にしないように注意しよう。事実認定者が些細なことと思っている点をあなたが激しく攻撃したりすると、あなたは親切なガイドとしての信用をすべて失い、もはやフェアな人物とは思われなくなってしまうだろう。

第2：証人が自己矛盾を認めたならば、どうしてその矛盾が生じたかを説明させてはいけない。それをするのは相手方の役目である。矛盾に出くわした時に「いったい、どういうわけだか説明してもらおうか？」というのはとても自然な人間的な反応である。それをしてはならない。それをすると、証人は、本当かどうかは別として、説明をする。その結果ポイントがぼやけてくるし、場合によってはポイントをすべて失うこともある。自己矛盾を曝け出したら、それをそのままにして、別の話題に移る方がはるかによい。事実認定者の人間的反応が、あなたのそれと同じであることは間違いない。彼らは、着席したまま心の中で証人に尋ねている。「いったい、どういうわけだか説明してもらおうか？」彼らがこのように感じているとすれば、彼らがその証人を信頼できると考えることはありそうもないことである。

いよいよ不誠実な証人の番だが、不誠実というものがさまざまな形や大きさを持っていることを注意する必要がある。露骨に不誠実な証人もいれば、ほんのわずか不誠実な証人もいる。最初から最後までうそをつき通す覚悟を決めて裁判所にやってくる人もいる。ほとんど不誠実さを意識せず、完全なうそをつくのではなく、自分に有利なように証言を少し歪曲する人もいる。専門家証人のなかにはこのタイプがいる。

したがって、まずこう自問しなさい——証人はなぜ不誠実なのか？
考えられる理由は次の4つに尽きる。

- 彼は訴訟の結果に直接の個人的な利害関係をもっている。
- 彼は自分の側に有利な偏見を持っている。
- 彼は真実は正当な結果をもたらさないと感じている。
- 彼は単純に悪意を持っているにすぎない。このタイプはあまりないが、最初

の2つはよくあるタイプである。

　証人が訴訟の結果に直接の個人的利害関係をもっているか、あるいは、彼の側に有利な偏見を持っていると感じる時は、それらが反対尋問の際に検討されなければならないことは明らかである。このようなことを事実認定者に示すことができれば、その証言を信頼できないと彼らが考える可能性はより大きくなる——それこそ、あなたの目標である。

　ほとんどの弁護士は、反対尋問をこのように分析することを決してしない。彼は試行錯誤によってそれを学んでいるのであって、これまで述べてきたような、その基礎にある原理に焦点を当てることを決してしない。これらは、非常に重要なことであり、いつも心のどこかに置いておきなさい。反対尋問の2つの目的は何か？　記憶とはどんなものか？　証人が不誠実である理由は？　利害関係か、偏見か、悪意か？　証人が知覚したことと結論したこととを選別せよ。あなたがやろうとしていることは、要するに、証言が信頼に値しないことを示すことであることを忘れるな。これら半ダースの基本を忘れるな。これらをあなたの法廷弁護士魂の中に巨大な案内標識として打ち建てよ。それをときどき眺めよ。それがそこにあるのを確認せよ。これらの基本を忘れると、あなたは横道に逸れはじめるだろう。そして、脱線した反対尋問は見苦しいものである。

　さて、これをあなたの道路地図として、反対尋問に適用されるゴールデン・ルールを見ていこう。皆短いものである。皆わかりやすく覚えやすい。しかし、これを知らず、これを破ると、あなたとあなたの依頼人はたぶん大変な困難に見舞われることになる。全部で15のルールがある。数の多さに驚いてはいけない。6つは「しなさい」ルールであり、9つは「決してしてはいけない」ルールである。どんなものか見ていくことにしよう。まず「しなさい」ルールである。

　これは前に聞いたことがあるので、覚えているに違いない。

できる限り簡潔にせよ

　反対尋問においてこのルールが存在する特別の理由があるのであり、それは事実認定者の時間を節約するという継続的な義務とはまったく異なるものである。

ほとんどの証人は、あなたが長く反対尋問すればするほど、より自信を深め、より効果的な証人となる。これはなぜか？

あなたが反対尋問のために立ち上がる時、証人はほぼ間違いなくあなたに対して警戒心を抱いているはずである。この時、あなたは圧倒的優位に立つ。彼はあなたがどのくらい知っているかを知らないのだ。もしも、彼が歪曲した証言をしたならば、とりわけうそをついたならば、彼はあなたを恐れあなたの手のうちにあるかもしれないものを恐れている。

最初の5分間、彼は状況を見定め、あなたがどの程度危険であるかを推し量っている。はじめから思いどおりに振る舞う証人は珍しい。しかし、あなたが彼を痛めつけないでいる時間が長ければ長いほど、彼は自信を深める。そして、彼が自信を持てば持つほど、彼をコントロールするのは困難になってくる。

あなたは、意図的に彼を慢心させようとすることもあるだろう。それは、時として役に立つ。しかし、あなたがそうすることを意図していないのであれば、決してそのような状態にしてはならない。もしも、最初の5分間に証人に対してやるべきことがすべてやれるのであれば、それに越したことはない。しかし、それ以上の時間を要するのであれば、反対尋問が長時間を要するものであるならば、この最初の時間帯を利用して、彼が決してリラックスできないことを思い知らせてやらねばならない。これらすべてのことが簡潔ルールには含まれているのだ。

次のルールはとても単純なものだが、実践はいつも簡単というわけには行かない。

欲しいものが手に入ったら止めよ

あなたは、自分が証人に何を言って欲しいかを知っている。あなたは、あらかじめ細心の注意をもってそれを準備した。そして、あなたはそれを獲得した。座りなさい。このルールに従うのがしばしば難しいのは、反対尋問に成功することが大いなる楽しみであることである。それはちょうどグライダーが上昇した時、クリケットでヒットを打った時、ゴルフで最高のフォームを決めた時のようなものである。止めたくなくなるのだ。こういう時は危ない。決して夢中になってはいけない。夢中になると、事態は非常に悪い方へ行きはじめるということがよくあるも

のだ。反対尋問の喜びを勝ち得たらそれを堪能しよう。けれどもいつまでもそれに熱中してはならない。

次のルール。あなたがしばらく経験を積むまでは、反対尋問においては、こうするのが安全策である。

誘導尋問を用いよ

この方法を用いれば、証人をコントロールするのは容易である。あなたは、証人が——宣誓供述書や警察官に対する供述の中で——以前に言ったことを既に知っている。先にとりあげた第4の尋問形式——供述とその確認の要請——を使えば、あなたは証言を確実にコントロールすることができる。例をあげて説明しよう。

「1987年6月、あなたはキャムデン・アームズにいた。そのとおりですね？」
「はい」
「あなたがそこにいたのは6月3日。そうですか？」
「はい」
「6月3日の日、あなたがそこにいたのは、午後9時30分ですね？」
「はい」
「あなたがそこに到着したのは、だいたい9時15分頃と思いますが、そのとおりですか？」
「はい」
「あなたは若いご夫人と一緒にそこに来た。これもそのとおりですか？」
「はい」

反対尋問をしている時には、誘導尋問によって証言の価値が減少する危険はほとんどない。そして、誘導尋問によって証人の手綱はしっかりと締められる。他方、経験を積んでくると、好きなだけ、誘導尋問によらない方法を注意深く用いることができるようになる。証拠は、証人自身の口から提供される方がよいのが常である。理想的な反対尋問は誘導尋問と非誘導尋問のコンビネーションである。

次のルールを表現するには2通りある。あなたは、自分の好きな方の表現を採

用すればよろしい。そのルールは、

証人をピンで留めよ

であり、言い方を変えれば、

証人が中に入るまで罠を開けるな

である。

　このルールの意味は何なのか。そして、それに従うのはどんな場合か？　われわれの最終目標を思い起こそう。それは、証人の証言が信頼するには危険であることを示すことである。証人の利害関係や偏見のほかに、これを行う方法には3通りある。

- ●証言がその内部において自己矛盾していること――彼が証言席のなかで対立する複数の供述をしていること――を示す。
- ●彼が以前言ったことと矛盾していること――彼が前に言ったことと対立する証言をしていること――を示す。
- ●証言が他の証拠と矛盾していること――彼が他の証人や証拠書類、写真その他と対立していること――を示す。

　第4の場合もあるにはある。長い経験のなかで一度くらいは、証言がまったく信用できないこと――良識をもった人には信じがたいこと――を示すことができることもあるだろう。しかし、それはごく稀なことであり、そのようなめったにないことに時間を費やすのはやめておこう。実際に起こりそうなことに集中しよう。つまり、証言内部での自己矛盾、従前供述との自己矛盾、そして他の証拠との矛盾である。

　あなたがこれらのうちの一つ、あるいはいくつかを獲得したならば、ピンで留めよ・すぐに罠を開くなルールに従わなければならない。それはこういうことだ。彼自身をその矛盾と対面させる前に、いま彼が行っている説明に彼自身を完璧に肩入れさせるべきである。彼に彼自身を梱包させなさい。彼に自分で出口のド ア

を締めさせなさい。彼に、事実認定者に向かってこれこそが彼の証言であり、それに疑問の余地はない、と言わせなさい。「もしも」とか「けれども」などは全部取り除きなさい。彼がすり抜けようとするすべての隙間を塞ぎなさい。彼自身に彼を肩入れさせ、自らをピンで留めさせなさい。

これを成し遂げた時においてのみ、あなたは矛盾を提示し、彼をそれに対面させるのだ。——本当に提示する必要がある時に限り。もしも、その矛盾が他の証拠との対立であるならば、なにもする必要はない。それを最終弁論までとっておけばよい。もしも、矛盾が彼の証言それ自体にあるならば、やはり、それをそのままにしておきなさい。最終弁論にとっておきなさい。彼に矛盾と対面させることは、ドラマを盛り上げる以外に何も得ることはない。しかも、たとえ彼を梱包することに成功したとしても、彼がその矛盾から抜け出す弁舌を見つけ出さないという保証はないのだ。

あなたが証人に矛盾と対面させる必要があるのは、彼が以前の機会に異なったことを言った証拠を持っている時のみである。そして、その場合でも、最大限の注意が要求される。その順序は次のとおりである。

第1：彼を彼自身に肩入れさせ、ピンで留める。
第2：彼に自分の従前の矛盾供述を認めさせる。
第3：次に進め！

決して、繰り返すな。彼に説明する機会を与えるな。どんなものであれ、説明は相手方が再主尋問をする時にやらせなさい。——もしも、説明が可能であり、そして相手方がその時までそれを覚えているならば。他に転じる以外のことをするのは、火遊びをするのと同じである。この点は、「決してするな」ルールを説明する時にまた論じることにしよう。

さて、最後の「しなさい」ルールである。

あなたが熟練の弁護士で、しかも幸運に恵まれてでもいない限り、反対尋問中に失点することは必ずある。証人の一撃にバランスを失い、あなたの主張に傷を残す、そんな答えが返ってくることがある。これをどう処理するかは、状況によ

る。事実関係を知らなければ誰もあなたにアドバイスをすることはできない。しかし、こんな時あなたが従うべきゴールデン・ルールはこれだ。

衝撃をやり過ごせ

別の言い方をすると、

狼狽を隠せ

衝撃を受けたことを示すそぶりは、一瞬たりとも顔に出してはならない。視覚次元を思い出そう。自ら意図してそうする以外には、困ったそぶりを見せてはならないのだ。親切なガイドと旅行代理店を思い出そう。あなたが顔面蒼白になりうろたえているのを見たら、旅行客はどう思うだろうか？

他のことはさておいても、彼らはその答えの意味するものに気づいていないかもしれない。もしも、あなたがそれに対して大きく反応したならば、彼らはそれに気づいてしまうだろう。あなたが苦痛のサインを送れば事態は10倍悪くなる。そのうえ、あなたは弁護士は自分の意見を述べないという必修ルールを破ることになる。自己の狼狽を露にすることで、あなたは証人の答えに対する自己の見解を広く伝えることになるのだ。完全にあなたの負けである。ひどい答えに出くわした時は、冷静さを保ち、リラックスした表情で、次へ進むのだ。

もしも、それが完璧なほどに破壊的な答えであるならば、古い弁護テクニックを使うのも一つの手かもしれない。実際にはそれは古い弁護トリックであり、私としては、策略的な匂いのするものを推奨するのは好きではない。しかし、それは非常に古いものであり、完全に道徳的なものであって、いかなる意味でも不誠実さを含むものではない。時として、それは非常にすばらしい効果を発揮する。それはこうである。斧でなぎ倒されるような答えをもらったら、静かに満足の微笑みをたたえ、証人に語りかける。

「少々お待ちください。いまの答えを書き留めますから。ちゃんと聞き取れたかどうか」

そして、答えを書き取り、一語一語証人にいま書き取ったことを読んで聞かせ

る。それから彼を見つめる。

「スヌークスさん、あなたの証言はこれでよろしいのですか。そうですか？　大変結構。それでは他のことを伺います」

あなたが静かに満足の表情をたたえてすべてやりおおせれば、あなたが被ったダメージを最大限減殺することができる。

以上が6個の「しなさい」ルールだ。

次は「決してするな」ルールだが、たったいま話したものとよく似たルールから始めることにしよう。ある意味ではそれは同じアドバイスを別の角度から述べたものであるが、とても大切なアドバイスなのでいずれの角度についても知っておく価値がある。

地雷原ルール

言いかえると、

決して驚いて引き返すな！

反対尋問が無駄な努力に思える時でも、それはしばしば地雷原への旅のようなものになる。たとえ細心の注意をしていても、不意にあなたのかかとが地雷に触れる。頭の中で警報ベルが鳴り響く。どうするか？　誰かに気づかれるようなことは何もしてはいけない。落ち着いてリラックスせよ。これ以上前進すべきでないことを、あなたは知っている。しかし、誰にもあなたが突然立ち止まるところを見せてはならない。証人があなたの最後の数問に対して答えたことを素早く考えなさい。とるに足りない安全な答えを一つとりあげ、そして言いなさい。

「ちょっと前に戻ります。私の理解が正しいのかどうか確認させてください。あなたは先ほど……と言いました。そのとおりですか？」
「はい」
「大変結構。それでは次に……」

こうしてあなたはトラブルから抜け出すことができる。

これは、ずる賢い弁護士の裏ワザというわけではない。これは事件にあなたの個人的な見解が介在しないように努めているにすぎないのだ。もしも、何かがあなたにとって非常に悪い方向に進んでいると思える時には、そのことについて沈黙を保ちなさい。あなたは誤っているかもしれない。そして、問題なのは事実認定者の意見であって、あなたの意見ではないのである。

ここで、絶対的に基礎的な「決してするな」ルールのいくつかを見ることにしよう。

必要がない限り反対尋問をするな

証人の影響力を破壊する偉大な方法のひとつは、「質問はありません、裁判長」と一言言うことである。これを誰かがあなたに対してした時に、あなたはこれが非常にパワフルな威力を持っていることを思い知るだろう。あらゆる困難を乗り越えて証人を出廷させ、法廷で全力を尽くした、こんなあなたの努力を相手方は一言「質問はありません、裁判長」と言って全部むしりとってしまうのである。事実認定者のうえに及ぼす効果は絶大である。

自分に問いなさい。「この証人は何か私に不利なことを言ったか？」もしも言ってないならば、素早く考えよ。反対尋問で何か得ることがあるだろうか？　事前準備によって、あなたは自分の目標を知っているはずだ。彼を信頼するのが危険であることを示す材料として何を持っているかあなたは心得ている。しかし、それを使う必要があるか？　もしも、彼があなたの主張になんのダメージも与えなかったとしたら、わざわざやる必要があるのか？　もしも、あなたが引き出したいと思う新たな有益な証拠を彼が持っているのであれば、再び素早く考えよ。それはどの程度有益か？　それなしで生きられるか？　賛成意見と反対意見とを秤（はかり）にかけよ。彼が何か良いものをあなたに与える確信があるならば、やってみなさい。もしも、そのような確信にまで至らないのであれば、彼を掃いて捨てなさい。彼を無視しなさい。それができれば、それは大いなる見せ場となる。

次のゴールデン・ルール。

魚釣りをするな

ここまでのルールをすべて守れば、このルールを破る心配はないだろう。それにしても、それは無能力の確かな印である。公判は情報を発見する時ではない。反対尋問はあなたが獲得できそうなものを探しまわる時ではない。それは事実認定者に対してあらかじめ計画した証拠を提供する時である。あなたが公判で魚釣りをするほどに間抜けであるとすれば、あなたはそれにふさわしい獲物を得るだろう。

次のゴールデン・ルールはこれと近い親戚にあたる。

答えを知らない質問をするな

弁護士のボーイフレンド(あるいは夫)の苦情を述べる婦人の物語を振り返ってみよう。

「……あなたは自分の欲しい答えを考えてから質問する。そして、あなたの質問はいつもその答えを手に入れるように導いていくのよ」

あなたは、自分が聞きたいことを聞くために、あらかじめ計画した答えを証人に言わせるために働いているのだ。一つの例外を除いて、反対尋問においては、得られることがほとんど保証された答えを知らないままに尋問をする余地はない。それでは、この例外とは何か？

不確実性の外縁を思い出そう。あなたはその限界がどこにあるかを見つけ出すために、証人の知覚をテストするのだ。あなたはその限界を探索することによって、彼女の記憶、物覚えの悪さをテストすることができる。ここでは、あなたは答えを知らない質問をすることを避けられない。しかし、ここで危険なことは何もはない。細心の注意をもって質問を組み立てれば、答えがどのようなものであっても問題はない。知覚や記憶の限界を審査する時、質問はあまり問題のない事項ばかりである。それらの事項は「証人の回想をテストすること」に関連する事項に

限られるから、決してあなたを危険にさらすことはないのである。

次のルール。いままでわれわれが議論したすべてのことに照らせば、これは明白なことである。

「なぜ？」(Why?)とか「どのように？」(How?)と決して尋ねるな

これをするとすべてのコントロールを失う。あなたは場面を大きく広げることになる。証人は自分の言いたいことを何でも言うことができる。——そういうことだ。あなたは証人が質問に答えていないと言って遮ることはできない。「どのように？」とか「なぜ？」という問いに対しては、ほとんど何でも応答が可能である。反対尋問においては、この2つの言葉は疫病のように排除されなければならない。

次。

ドアを開けるな

ここで、もう一度第1の次元に戻ろう。ゲームのこの段階においてわれわれは真実を探求しているのではない。われわれは事実認定者に対するプレゼンテーションを行っているのだ。証拠規則はある種のものを排除する。あなたももちろんそのようなものは排除したいであろう。そうであるならば、反対尋問においてそのようなもののヒントを絶対に与えないようにすべきである。決してそれに近づいてはいけない。決してそれに関わる言葉を吐いてはならない。

そんなことをすれば、あなたはドアを開ける危険をおかすことになる。それはどんな意味か？　あなたの相手方が再主尋問においてミミズの入った缶を全開することができるという意味である。事実認定者は、あなたが陽光のもとで見ることを決して望まなかったあらゆる類のものを聞くことになる。そして、人間存在の公式記録は、マーフィのさまざまな法則と同じように、缶入りのミミズは、公判廷において一度開けると、二度と缶に戻すことはできないことを示している。

ドアを開けるなルールは非常に古いものであり、既に古臭い名前である。そろ

そろ新しい命名をする時であると思う。このゴールデン・ルールを新しい名前で記憶に留めておくのも悪くないだろう。

事実認定者の前では決してミミズの缶を開けるな

これについては、言い訳は無用だ。やったら最後あなたはほぼ確実に事件に負ける。

これは明らかに重要なルールである。次に２つ短いルールを説明して、それから最後のものをとりあげよう。

主尋問で述べたことを繰り返させるな

なぜなら、事実認定者が多く聞けば聞くほど、彼らは無意識のうちにそれを真実と思うようになるからである。間抜けな法廷弁護士は、しばしば、相手方の尋問中に証人が答えたことをそのまま繰り返し聞くことから反対尋問をはじめる。そうする理由がある場合、たとえば罠を開ける前に証人に自分自身に肩入れさせる時には、そうしてもよい。しかし、そうする理由がない時には、絶対にしてはならない。足慣らしや探りをいれるつもりで、このやり方でうろつきまわることは決して許されない。

次。

決して証人と論争してはならない

これをすると、あなたは親切なガイドの身分を失い、事実認定者からの尊敬を失う。——しかも、あなたはその論争に負けるかもしれない。

常に距離を保ちなさい。あなたはプロであり、プロの仕事をしているのだということを忘れるな。

最後のゴールデン・ルールである。それは偉大なものであるから、最後にとっておくに値する。彼らに家路を示せと同じように、これも多くの他のルールを含ん

でいる。これがそのルールである。

決定的なまとめの質問をするな

誰でも知っている例をあげよう。

「あなたは私の依頼人が被害者の鼻を噛み切ったと証言しましたね？」
「ええ、しました」
「それはボール・アンド・チェーンというバーでの出来事ですね？」
「ええ」
「それは細長いバーではありませんか？」
「そう思います」
「40フィート、あるいはそれ以上？」
「まあ、そうでしょう」
「そして、照明はとても暗かった。違いますか？」
「そうですね。ええ」
「あなたはバーの入り口の端にいた。違いますか？」
「ええ、そうです」
「そして、喧嘩は反対側の端で起こった。どうですか？」
「ええ」
「あなたから30フィート以上は離れていた。そうですね？」
「ええ」
「そして、バーは混雑していた。違いますか？」
「あなたとその喧嘩の場面との間には20人か30人の客がいた？」
「ええ、だいたいそのぐらいの人がいました」

どうだろうか、この反対尋問は。彼は事実認定者に証言が信頼できないことを示しただろうか？　粗末な照明、ぼんやりとした視界、事件現場からの相当の距離。ここまではすばらしい。では、彼がすべてを台なしにしてしまうのを聞こう。

「それじゃ、どうしてあなたは私の依頼人がその男の鼻を噛み切ったと言えるんですか？」
「彼が店を出る時に私の目の前を通りすぎたんですけど、その時に、彼がそれを

弁護のゴールデン・ルール　125

吐き出すのを見たんですよ!」

　これが、決定的なまとめの質問の意味である。それは決定的である。なぜならそれで事件に負けてしまうから。それは馬鹿な決定的まとめ質問と呼ばれるべきである。なぜなら、それは否応なしに馬鹿な質問だからである。それはその他のルールすべてを無視した質問でもある。常に必要のないものであり、ほとんど常にあの禁句「どのようにして?」「なぜ?」によってなされる。この質問が発せられてしまうのは、法廷弁護士が最後に見せ場を作る誘惑に勝てないからである。「ほら! 逃げられるものなら逃げてみな!」と言って反対尋問を終えたい誘惑に勝てないからである。──証人は逃げてしまうのに。

　やってはいけない。見せ場を作ろうとしてはいけない。証言にアンダーラインを引こうとしたり、強調しようとしてはいけない。証人の説明がどんなものであるか確かにわかっているのでない限り、決して敵対証人にどのようなものであれ説明をする機会を与えてはならない。決して「なぜ?」「どのように?」と尋ねてはいけない。欲しいものが手に入ったら、そこで止めよ。答えのわからない質問を決してするな。決定的なまとめの質問は常に半ダースものルールを丸ごと破るのである。

　これで、われわれの狙いとするものを正確に知ることができたので、もう一つ例をあげて説明しよう。それは夕食後のひとときを楽しむにはうってつけの物語である。とりわけ登場人物があなたではなく、誰か他の人であるから。

　それはエピングの北の方にあるマジストレート裁判所での出来事である。その法廷弁護士は、いまや名だたる高等法院裁判官である。つまり、この話はわれわれは誰しもしてはならないことを学ぶまでは馬鹿げた失敗をするものであることを証明しているのだ。それはある真夜中ある古い商店街でのこと。検察官によれば、2人の侵入盗が宝石店に侵入しようとした。検察側の最重要証人である巡査部長は主尋問において、逮捕する前に犯人たちの10フィート(約3メートル)以内の距離から彼らの行動を目撃したと述べた。弁護側は、物音を聞かれることなしに近づくことは誰にもできないと主張していた。それは真実に反すると。巡査部長に対する反対尋問はこのことを示すことを意図して組み立てられた。そして、弁護人の仕事は立派であった。

「巡査部長、失礼ですが、あなたの身長がどのくらいか教えていただけますか？」
「190センチであります」
「それに体格もご立派ですね！ 体重がどのくらいかおっしゃっていただけますか？」
「130キロのちょっと手前であります」
「あの晩、あなたは制服を着ていたのですね？」
「はい、そのとおりであります」
「ヘルメットも？」
「はい、そのとおりであります」
「オーバーコートも？」
「あの時は腰までのものであります」
「ブーツは？」
「はい、履いておりましたであります」
「標準の配給ブーツですか、巡査部長？」
「はい、そのとおりであります」
「サイズはいくつですか？」
「12号であります」
「わかりました。12号のブーツですね。普通の配給品と同じように、鋲が打ってありましたか？」
（一瞬沈黙）
「はい、打ってありましたであります」
「小さな金属でできた蹄鉄のようなものが両方のかかとについているのですか？」
「えーと、はい、そのとおりであります」
「それで、あなたは気づかれずに、この男たちの10フィート以内に近づくことができたとおっしゃるのですね、巡査部長？」
（一瞬沈黙）
「はい、そうであります」
「周囲には他に誰もいなかったのですね？」
「誰もいなかったであります」
「路面は普通の敷石舗装でしたか？」

弁護のゴールデン・ルール　127

「はい、そのとおりであります」
「つまり、たとえば芝生とか草の上をあなたは通ったのではないですよね？」
（一瞬沈黙）
「そのとおりであります」

　もう十分じゃないか？　席につく時ではないか？　効果的でうまい反対尋問ではないか？　欲しいものを手に入れたから、これで止めるべきじゃないか？　しかし、余計な質問が一つ続いたのである。

「さて、それでは巡査部長、法廷にいる皆さんに、どのようにしたら気づかれずに、あなたが被告人たちに近づくことができたのか説明していただくことができますか？」
「自分の自転車で、であります」

　再主尋問に行こう。

RE-EXAMINATION

再主尋問

再主尋問は、法廷弁護術において最も無視された領域である。それが何のためにあるのか知っている弁護士はほとんどいないし、それをうまくやることができる弁護士もほとんどいない。そこでごく手短にそれをとりあげ、それがとてもやさしいものであることを見ることにしよう。

　第1に、それは何のためにあるのか？　次の3つの言葉に焦点を当てよう。

救助、整理、そして虐殺

　これらが再主尋問の3つの目的である。一つずつ見ていこう。

救助

　あなたの相手方である弁護士や検事は、自分の仕事を知りかつ多少の武器を持っていれば、反対尋問においてあなたの証人にダメージを与えることができるに違いない。あなたは、再主尋問においてその証人を立ち直らせることができるかもしれない。その証人が述べたことについて満足すべき理由——熟練の相手方ならば尋ねることを避けた理由——をあなたが知っているならば、いまこそその理由を聞く時である。再主尋問において、あなたは「なぜ？」「どのようにして？」と尋ねることができる。これが第1の目的である。弁護士はこれを証人のリハビリテーションと呼んでいる。

整理

　反対尋問が終わった時、すべての人が完全に混乱してしまうことがある。そのままの状態にしておくと、事実認定者はほぼ間違いなくあなたの証人の証言は信頼できないと考えてしまう。彼らの記憶に残るのは混乱のみである。あなたの仕事は、メリー・ポピンズの底力を発揮してすべてをきちんと立て直すことである。

　「スミスさん、ついいましがたあなたが述べたことのいくつかを再検討して私の理解が正しいのかどうか確認したいと思います。あなたは……と言いましたが……」

これが再主尋問の第2の目的——秩序を取り戻し整頓すること——である。

虐殺

　もしも、反対尋問で相手方がドアを開けたら、もしも彼がミミズ入りの缶を開けたならば、いまこそ静かに缶を空にしてミミズを撒き散らし、あたり一面にミミズどもをねばねば這いずりまわさせる時である。以前の段階ではこれをすることはできなかった。けれども、神が相手方の無能を与え給うた結果、あなたはこれをする機会を得たのだ。思う存分楽しむがいい。あなたが思慮深い人ならば、あなたは相手方を完全に打ちのめすことができる。これが第3の目的——相手方に缶入りミミズを食わせること——である。

　しかし、警告しておく。この警告は3つの目的すべてに当てはまる。

うまくやらないならば、やらない方がましだ

　弱々しくよろよろと再主尋問をすると、あなたは相手方の術中にはまる。彼が反対尋問で得たポイントを強調するだけになってしまう。

再主尋問は自信をもち難なくできるものでなければならない

　これができないならば、決してしてはいけないのである。

　あなたの手助けになるテクニックはあるか？　一つとても重要なものがある。反対尋問の間に注意深くメモをとりなさい。ノートブック、リーガルパッドその他あなたが使っている用紙に、余白を大きく取り、証人の述べたことをメモし、再主尋問でとりあげる必要があると考える事項を証人が証言したら、その余白に大文字で"R"［訳者注：再主尋問Re-Examinationの頭文字］と書き込みなさい。これで少なくとも大まかなアウトラインができる。そして、あなたの事件に対する知識とともに、これが再主尋問の際に必要なガイドになるのだ。

　ここで再び誘導尋問禁止に戻ることを忘れてはならない。しかし、否定させるためには誘導尋問をすることができるし、さらに、証人が反対尋問で述べたこと

に言及する時にも誘導尋問をすることができる。

「スヌークスさん、あなたはジョーンズ検察官の尋問の際に、事件後間もなく警察官に供述したことがあると答えました。そのとおりですか？」
「はい」
「彼は、あなたにあなたは彼らに何と答えたかと尋ねました。そうですね？」
「はい」
「彼はあなたに、警察に話しをした時にあなたがどのような状態だったかとは尋ねませんでした。尋ねましたか？」
「いいえ」
「わたしはいまそのことをあなたに尋ねたいと思います。まず、あなたは警察に話をした時、落ち着いていられましたか？」
「私は冷静ではありませんでした。私が叫び声をあげていたのを止めさせるために、誰かが私を叩かなければなりませんでした」

　これらの例外を除いて、再主尋問において誘導尋問を用いてはいけないことを忘れてはならない。能力のない弁護士はほとんど常にこのルールを忘れる。──反対尋問の間にたくさんの誘導尋問を聞かされているために、彼らは誘導尋問熱にかかってしまうようである。そして、おぼつかない救助と整理の試みが異議の集中砲火によって痘痕だらけになってしまうのは、彼らの主張にとってまさに災難である。

　適切に行われれば、反対尋問で被（こうむ）ったあらゆるダメージを再主尋問によって修復することができる。不適切に行われると、すべてを際限なく悪い方向に向かわせる。必要がない限り、そして真にうまくやれる自信がない限り、決してやってはならない。リラックスし、冷静を保ち、無言の自信を放出せよ。親切なガイドが再び働き出し、手続に健全さを取り戻すのだ。

　そして、すべてが終わったら、この魔法の言葉を忘れるな。

「この証人に対して裁判長からさらにご質問はおありでしょうか。スミスさん、法廷にお越しくださったことを感謝いたします。裁判長、証人を退出させてよろしいですか？」

最後に、あまりに明白なために見過ごされやすいこと。**再主尋問は、反対尋問で触れられた事柄に限り許される**。このルールを決して破ってはならない。

　再主尋問について私が言うべきことは以上である。注意深く考えよう。やり方を心得れば、これは最後の致命的な一撃となりうる。

FINAL SPEECH
最終弁論

最終弁論、最終要約、締めの弁論——呼び方は自由だ。たぶん、これはすべての手続のなかで最も華々しい部分であろう。ここであなたは手に魔法の杖を持ち、歴史上の偉大な雄弁家の直系の子孫であることを実感できるのだ。

　現代の習慣は、現代の言語とスタイルを用いることを強要する。あなたが、デモステネス風やキケロ風の言葉を一言でも発したら、聴衆はあなたの話を最後まで聞くことはないだろう。しかし、あなたは古代の雄弁家が持っていたあらゆる機会を同じように持っているのである。事実認定者に対する最後のスピーチは不変である。——それは話し手が言葉で聴衆を魅了する機会である。

　最終弁論がこのような機会をもたらさない法廷、公判というものは存在しない。事実認定者に対するあなたの最後の言葉は、常に、あなたの能力の限り最も説得的でかつ最も注意深く検討されたプレゼンテーションでなければならない。

　他の法廷弁護士に、最終弁論のしかたを教えようとするのはお節介である。投げ捨ててしまってよいアドバイスもあるし、法廷弁護の本質に関する考えを根底から覆（くつがえ）すほど有益なアドバイスも時にはある。どのように弁論したらよいかと苦しんでいる時に、私ははじめて「彼らに家路を示せ」ということを聞いたのである。しかし、人に教えることができるのはせいぜい断片的な事柄である。誰かに一定のスタイルの最終弁論を指導しようとしても、助けにはならない。生気のない、型にはまったものになるのがおちである。最終弁論のしかたを人に教えることはできない。それは人の行動の中で最も個人的なことであり、また、最も魔力に満ちたものである。

　したがって、私があなたの人格に入り込むつもりがない以上、この章は短いものにならざるをえない。われわれは既に多くのルールを共有している。ここまで読んできたあなたは、それらが何であるか既に知っているし、たぶん、新しいものを独自に作りはじめてもいるだろう。それらのルールに対する認識を常に鮮明にしておき、その意味を常に念頭におき、そしてそれらを考えつづけているのであれば、あなたは見事な最終弁論を生み出しつづけるのに必要な知識のすべてを、既に得ているといえるのだ。あなたはしてはいけないことを知り、生涯にわたって自分の首筋にニュートンの息づかいを感じつづける。あとはあなた自身がやる番である。

わずか一つ、「してはならない」ルールがある。立ちあがり証人の述べたことをすべて要約するようなことはしてはならない。これこそ最大のオフスイッチである。はじめに証拠のすべてを要約することが自分の仕事だと考えているように見える弁護士がいる。そういうことはしない方がよいし、それに近いこともしない方が良い。それは事実認定者を侮辱するものであり、彼らは席に座りながらこう考えているだろう。

「弁論というのはこういうことなのか？　もうこれは全部聞いたことだ。弁護人は私をばか者だと思っているのか？　たぶんこれが弁論というものなのだろう」

また、それは非常に退屈である。

しかし、このようなことをあなたは教えてもらう必要はない。ここまで読み進んできたあなたがそういうことをしでかすことはありえない。あなたは事実認定者たちに別の話を語るであろう。あなたは真実を一つ一つとりあげ、事実認定者にこのようにしてすべての事柄がひとつになるのだということに賛同を求めるであろう。

そして、感情がそれに続く。

ここまでのところあなたは感情について何も話してはいないが、いまそれを考慮する準備ができたのである。法廷弁護における感情は、すべてのものに生命を与える。それは電撃による運動をもたらし、完全な静寂を誘う。

法廷における感情についてのルール——厳格なルール——がある。最初のものは、アリストテレスが数千年前にアレキサンダー大王の家庭教師をしていた時に述べたものである。

問題なのは彼らの感情であり、あなたの感情ではない

彼は他のルールも編み出したが、それは私の好みではない。たとえば、彼は自分

の目標とする感情をあらかじめ正確に決めておき、その感情を引き出す方法を工夫せよと言っている。古代の他の教育家、たとえばクインテリアヌスと同じように、アリストテレスは、私にとってはややシニカルに思える。彼ら古代人を不誠実であると責めたてるつもりはないが、私には彼らはトリッキーに思えるし、不快の念を禁じえない。われわれ法廷弁護士がしている仕事は誠実な仕事である。そして、そこに感情が入りこむとすれば、——それはなくてはならないものである——それは誠実に作り出された、誠実な感情であるべきであろう。それは可能なことであり、次のルールを心に留めておけば成し遂げうるのである。

感情は事実に続く
その逆ではない

　しばらく前のこと、私はある原告の妻を主尋問していた。人生が崩壊する以前の夫はどんなようすであったのかと。彼女はわれわれに、彼のしていたこと、どんな性格であったかなどを話していた。そして、何の前触れもなく、私は彼女に尋ねた。まったくさりげなく、「あなたたちは愛し合っていましたか？」

　法廷は、それ以前にも静かであったが、いまや完全に沈黙した。停止が永遠に続くかと思えた。ゆっくりと彼女は顎を上げ、目を上げた。眼鏡の背後にあるそれは、涙に溢れていた。

「はい」
ようやく彼女は囁いた。
その同じ完全な沈黙の中で私はやさしく彼女に尋ねた。
「それでいまはどうですか？」
また停止が続いた。
「違います」
とても静かに、彼女はそう言った。
私はそこで着席した。私の相手方は反対尋問をしようとはしなかった。

　工夫などなにもなかった。それは単純な質問であった。事実関係は同じように単純であり、それ自体が感情をもたらしたのだ。アリストテレスに対し偉大な尊敬を抱きつつ、あえて言おう。いかなる目標も定める必要はない。あなたがやるべ

きことは、感情にその発露する機会を与えるだけである。

　そして、われわれはそれを感情（emotion）と呼ぶことを止めることができるのではないか？　それは、古いラテン語である。われわれがいま論じているのは、感覚（feelings）についてである。そして、事実認定者の感覚に対して敬意を払い、注意深く対処しなければならないことをあなたは既によく知っている。これを知っていれば、法廷弁護における感情について、さらなるルールを知る必要はないのである。

少なすぎるのは致命的である
多すぎるのも致命的である

　あなたにとってこれは言わずもがなである。そして、頭の最前列に物語の心が常に宿ってなければならないことをあなたは知っているのであるから、物語を語ることによって、あなたは事実認定者たちの感覚に届く容易な道を自分で見つけることができるだろう。うまく語られたすべての物語は何らかの感覚を引き出す。それが人間の反応であり、それを止めることは誰にもできない。

　アメリカでは陪審員ははじめにこう説示される。
「皆さんは同情や偏見や衝動に左右されてはなりません」
　いろいろな意味で、裁判官によるこの説示はおよそ現実的ではない。もちろん、陪審員は彼らの感覚によって左右されるのである。

　しかし、あなたの依頼人のしたことを相手方がよく知っている事件で、あなたは被告の弁護をしているとしよう。たとえば、この本の49頁でとりあげた、デールの交差点で事故にあった青い小型車の事件で、あなたが被告側の弁護士だとしてみよう。原告の弁護士が物語をうまく語り、陪審員たちにさまざまな感覚をかき立てることに成功したとしたら、これにどう応答したらよいのだろうか？
　それは心理学におけるゴールデン・ルールであり、同様に法廷弁護のゴールデン・ルールでもある。われわれがなすべきことはこれである。

それらの感覚を認めよ

彼らに同意しなさい。彼らと同一化しなさい。彼らを抱きしめなさい。

例をあげよう。

「あの悲劇の午後にロー博士とロー夫人の身に降りかかった出来事は、考えることもできないほど痛ましいものであります。皆さんも私も、この法廷にてターナー氏の冒頭陳述を聞いた者すべては、同情の気持ちで一杯になりました。それはまことに悲劇的な話であります。もしも、われわれがここで決めなければならないことがそれだけだとすれば、われわれはいますぐ荷物をまとめて家に帰ることができるでしょう。なぜなら、われわれは皆ここに悲劇があることを認めているからであります。

しかし、これは訴訟であり、皆さんは陪審員であります。そして、われわれは、すべての関係者にとって正義を行うことに努めなければならないのです。われわれは正義を行わなければなりません。そして、正義を行うこと、正しいことを行うこととは、すなわち、皆さんの心が深く揺れ動いたということを認めつつ、理性を保つことにほかなりません。さあご一緒により広く事実関係を見てみましょう。法にしたがって正義を行うことを宣誓した公正な心をもった一群の人々が考えなければならない別の事柄を見てみましょう。

皆さんは裁判長から同情や偏見や衝動に左右されてはならないと告げられることでしょう。しかし、もちろん皆さんは影響を受け、それと戦うことでしょう。われわれは皆影響を受けるに違いないのです。

しかし、われわれの心とともにわれわれの頭を用いて、実際に何が起こったのか仔細に、注意深く見てみましょう……」

話を終える前にエネルギーについて一言述べておきたい。人生において自分が最もエネルギッシュだった時のことをふり返ってみよう。それは、ほんの数秒もかからない、興味深いささやかな訓練である。

その時の自分に同一化し、それを目盛りの最上端におきなさい。次にその反対のことをしなさい。自分が最も怠惰で完全に打ちひしがれまったく生産的でない時を思い起こしなさい。そして、これを目盛りの最下端におきなさい。

さあ、これであなたは考えるまでもなく、現在の自分が目盛りのどこに位置し

ているかを正確に知ることができるであろう。度数やセンチメーターの上下がなくとも、こうしてあなたは自分のエネルギーが、いま現在どの程度のものであるかを知るのである。あなたは目に見えない秤（はかり）のようなものを使ったわけだ。

陪審員を前にした時、この秤（はかり）があなたとともにあることを忘れないようにしよう。それぞれの陪審員はみな自分自身の秤（はかり）を持っているし、裁判官もそうである。あなたがやらなければならないのは、事実認定者たちを目盛りの半分より上に維持させることである。エネルギーのレベルを読むことは可能である。彼らの目を見ればわかるし、また空気からそれを感じることもできる。彼らのエネルギーのレベルを上げなさい。すべての感覚が持つ性質は、聞き手のエネルギーのレベルに依存する。事実認定者をうきうきした状態に保ち、1日の法廷が終わった時に次回が待ち遠しい気持ちにさせることを目指しなさい。それは不可能ではない。難しいものですらない。見えざる秤（はかり）に注意し、好ましく振る舞い、自分のすることすべてに物語の要素があることを最初から最後まで心に留めておけば、きっとあなたはうまくやれる。

これでもう十分であり、あなたには既に過剰であろう。あなたがあなたの時代における本物の法廷弁護士の1人になることを心から決意したならば、それこそほぼ確実にあなたがなるべきものである。この本のはじめに示唆したように、毎日10分間法廷弁護について少し読み、かつ少し考えるならば、ある意味では残念なことかもしれないが、あなたはほとんどの競争相手よりもずっとましになっているだろう。

われわれは80を少し超えるゴールデン・ルール、あなたが落ちこむかもしれない潜在的な罠を一緒に見てきた。もうあなたがそうなることはあまりないだろう。そこで、あなたがこれからやっていくことについて話すことにしよう。

あなたは今後、裁判所に行った時に、同業者がどのように仕事をしているかについて、いままでよりはるかによく知ることができるようになるだろう。そして、これらのルールがどの程度破られているか——法廷がある限りあらゆる法廷で毎日のように繰り返される——を、たぶん驚きをもって見つめることになるだろう。そして、あなたは何がいけなかったのかを正確に知ることができるだろう。あなたは正しく行われたこともまた知ることができ、一目見ただけで真に良い法廷

弁護士に気がつくことだろう。

　私がずいぶん前に言ったように、これらの賢明なルールを知るだけで、あなたは法廷弁護士として向上するのである。そのうえさらに、あなたは仕事の速度を速めることすらできる。毎日２、３分——それ以上は必要ないだろう——ルールを眺めてから、その後24時間以内に７、８分間弁護のことに思いをめぐらせることが秘訣である。その効果を知ることになるので、あなたは急速に自信を深めることができる。そして、ルールについて鋭敏になればなるほど、あなたはその効果をより一層引き出すことができるようになる。あなたは親切なガイドになり、熟達した、説得力のある法廷弁護士になる。——そして、いやというほど必要とされるようになる。

　あなたが必要とされるのは、われわれが生きている世界が歴史的に非常に危機的な段階になろうとしているからである。そして、危険で困難な時代の重圧に直面して、人類のリーダーたちに対する、法の支配を退け踏みにじろうとする誘惑がますます大きくなっているからである。これは、時代が困難になる時には必ず起こる現象であり、時代は既に困難になりつつある。

　自由、正義、そして法の支配というものが守られ支持されなければならないのだとすれば、それらを守り支持するのはあなたやあなたのような人々である。われわれが人間的営為において到達した時代は、かつてないほどに真実が二枚舌やドグマと対立する時代であり、誠実で勇気のある法廷弁護士が不可欠の重要性を帯びてくる時代である。

　そして、さらに言えば、われわれはかつては夢想すらできなかったほどに相互に結び合った世界に暮らしている。野性的な民主主義の衝動がこの惑星を席巻しているが、人工衛星やスクリーンやファックスのおかげで、われわれが民主主義と呼んでいる乱暴な獣を調教するために世界のいたるところで戦っている人々を誰もが見つめ、その側に立つことができる。聡明で、巧みな法廷弁護士によって弁論し、説明し、説得する必要性、あるいはその機会がこれほど求められている時代はかつてなかったのである。

　法廷弁護、誠実な法廷弁護というものは、人々を新たな知見に基づいた真実に

目を開かせるものである。あちらではなく、こちらの道を進ませるように人々を説得するものである。現代においてあなたがすべきことは、あたりを見まわし、啓蒙への要請、新しい優先課題への要請、まったく新しい態度と行動への要請を知ることである。それらは必ず訪れる。問題なのは、それらは力によって実現されるべきなのか、それとも説得によるべきなのかということである。力はこれまであまりにも長い間血なまぐさい王座についてきた。そして、われわれは力を信仰するにはあまりにも危険な武器を持ってしまっている。

　残るのは説得である。新たな千年が間近に迫っているこの時、われわれは誠実な法廷弁護士の時代に入ろうとしているのである。

　既に述べたように、あなたは必要とされている。

Translator's
POSTSCRIPT

訳者あとがき

本書はKeith Evans, The Golden Rules of Advocacy（Blackstone Press, 1993, ISBN:1-85431-259-6）を全訳したものである。著者キース・エヴァンスはイギリスのバリスター（法廷弁護士）であると同時にカリフォルニア州の弁護士でもある。弁護士実務とともに法廷弁護の技術についての講義や著作を行っている。

　エヴァンスは1983年に法廷弁護技術の入門書Advocacy at Bar: A Beginner's Guideを出版したが、これが評判となって、イギリスとアメリカの双方で法廷弁護技術についてのセミナーの講師として招請されることが多くなった。本書は彼の1日のセミナーを1冊にまとめたものである。

　英米で出版される法廷弁護術に関する書物は少なくない。ウェルマンの『反対尋問の技術』やストライカーの『弁護の技術』のような古典はいまでも読まれているし、その後もこの分野の書物は続々と世に出ている。ロースクールには法廷弁護のコースが必ずある。しかし、著者によれば、それでも「大多数の弁護士は、やるべきことをしないまま法廷に立っている」。これはいったいどうしたことか？

　たしかに知識を得ることと、それを実践することとは別物である。最高の演劇技術書を読み最高の演劇学校で訓練を受けても、ローレンス・オリビエになれるわけではない。しかし、エヴァンスが言いたいのはそういうことではないだろう。彼は、弁護士は「奥義」ではなく、「技術」であり、「技術は習得できる」と言っている。要するに、著者は、大部分の弁護士は、努力すれば習得できるはずの技術——自分の依頼人のために最低限必要な技術——を習得していないというのである。

　本書の眼目は、弁護術というものが普通の法廷弁護士が多少の努力を続けるならば容易に習得できるものであることを示し、その具体的な方法を惜しげもなく公開している点である。鏡に向かって話しかけるとか、自分の声を友人に聞いてもらったり、録音して聞いてみるといった方法は他の弁護技術書には書かれていない。

　著者は、弁護技術の目標は、真実の発見ではなく、弁護士自身の意見の表明でもなく、自分が代理する依頼人の意見に事実認定者を同調させることであって、これこそが弁護士倫理に適ったものであることを明確に宣言している。そのうえで、彼は、弁護技術の要点を体系化して80あまりのルールにまとめ、それをわれわれの心に染み込む、インパクトのある言葉で表現した。——親切なガイド、物語を

語れ、彼らに家路を示せ、ニュートンの法則、棺桶釘の例外、決定的なまとめの尋問をするな、等々。これは類書には見られない極めてユニークな点である。

エヴァンスのゴールデン・ルールは、英米(主としてイギリス)の公判を念頭におくものである。わが国の「公判」は英米のそれとはずいぶん趣を異にする。はたして、彼のゴールデン・ルールはそのままわが国の法廷弁護技術に導入できるだろうか？　もちろんできる。私は、日本の法廷でこれを実践している弁護士の1人である。その一部を紹介するエッセイを書いたことすらある(高野隆「反対尋問の技術」季刊刑事弁護4号〔1995年〕170頁)。しかし、日本の「法廷弁護の諸次元」はかなりユニークなものであって、そのために本書のゴールデン・ルールのいくつかはその効力を減殺され、あるいは、多少の修正が必要になるだろうと思われる。「あとがき」の領分を多少超えることになるが、現在および将来の日本の実務家のために、この点について付言しておきたい。

わが国の公判のユニークな点をあげるとすれば次のようなことである。

①陪審制がなく、裁判官のみによること
②裁判官が官僚機構の一員であること
③公判前のディスカヴァリー(証拠開示)がほとんど行われないこと
④公判審理が集中的に行われず、1～2ヶ月間に1～2時間程度の割合で断片的に進行していくこと
⑤審理の途中で事実認定者(裁判官)が交代する場合があること
⑥証拠法の適用が厳格になされず、書面が証拠となる可能性がかなり高いこと
⑦公判の記録が逐語的ではなく、要約にすぎないこと

1人が一度に約300件の事件を抱えた官僚的職業裁判官に対して、一生に1回の公判に臨む素人と同じ程度の感受性を期待することなどできるはずはない。しかし、日本の官僚裁判官も人間である。日本の法廷でも裁判官が証人の話に身を乗り出して聞き入ったり、被告人の語りに涙ぐんでいるのを私は目撃したことがある。

わが国では民事でも刑事でも公判前の証拠開示がほとんど行われない。したがって、弁護士が公判前の段階で自己側のストーリー――裁判官に受け入れさせ

るべき真実——を十分に確立できていることは少ないし、相手方証人の従前供述の内容を検証できず、公判証言の内容をあらかじめ予測できないことも多い。こうして、日本においては、エヴァンスが言うのとは逆に、公判こそが真実発見の場となってしまう傾向が強い。その結果、ゴールデン・ルールを厳密に適用できなくなる。たとえば、公判がはじまる前に弁論を書いてみようとしても欠落している情報が多すぎてうまくいかないことが多いし、反対尋問の際に、答えのわからない質問をせざるをえない場合も出てくる。

　集中審理が行われず、公判の途中で裁判官が交代するというのは、要するに、事実認定者に対して、公判での直接のパフォーマンス——とくに音声や映像によるそれ——で訴える機会が奪われてしまうということである。しかも、わが国の公判の記録は、われわれのパフォーマンスを必ずしも忠実に伝えるものではない（弁護士が法廷で行う弁論のうち、証人尋問と刑事の最終弁論を除き、ほとんどは記録されない。刑事の弁論ですら、記録されるのは「要旨」にすぎず、それすら弁護人が準備しなければならない）ので、後から訴訟に参加した裁判官にとって唯一の情報源である文字情報による伝達の可能性すら実際には大幅な制約を受けているのである。

　こうしてみると、日本におけるゴールデン・ルールの有効性は陪審員の前で集中審理が行われる英米でのそれと比べるとかなり限定されたものと言えるかもしれない。しかし、人間が裁判を行うものである限り、本書で述べられていることは多かれ少なかれ当てはまるものである。日本の裁判官に対しても、法廷における視覚装置は有効であるし、ニュートンの法則は当てはまるし、親切なガイドとして振る舞うべきであるし、物語を語るべきである。日本の証人を尋問する際にも、思考コントロールを意識し、まず何を言って欲しいかを考えてからその答えを引き出す質問をすべきであるし、反対尋問の際には原則として誘導尋問のみ用いるべきである。

　ゴールデン・ルールを考え、実行すれば必ず報われる。このことは日本の法廷でも真実である。——ルールの適用範囲について多少の修正が必要であるとしても。そして、どのような修正が必要なのか、その理由は何かを考えることによって、われわれの法廷弁護術のレベルは確実に向上するであろう。わが国においては、ゴールデン・ルールのことを知っている弁護士は、本書を読了したあなたしかいないし、ほとんどの弁護士は法廷弁護術などというものを考えたことすらない。したがって、あなたは本書を活用することによって、極めて短期間のうちに法

廷弁護士として腕を上げ、注目を集めることができるようになるだろう。

　先に指摘したように、わが国のシステムは、法廷弁護術というものに活躍の道をあまり与えないようにできている。多くの弁護士がそれでも不便を感じていないということが、かえって、わが国の法廷弁護の低調ぶりを物語っている。しかし、こういう時代はいつか必ず終わりを告げるであろう。エヴァンスがさり気なく指摘するように、公判廷は法という剣の切っ先部分である。そこで問われているのは人々の生命であり、自由であり、財産である。権利や自由に対する人々の希求が強ければ強いほど、権利や自由が切実な危機に直面するほど、法廷弁護士の鋭利なパフォーマンスに対する要求は強くなる。裁判官に文書を差し出すだけの弁護士の仕事に満足できる依頼人は少なくなるだろうし、数ヶ月に一度1時間程度の公判が延々と10年も続くような制度に対する批判は、今後ますます強くなっていくだろう。法廷での生の証言よりも警察官が作文した調書を重用したり、時間を節約するために証言に差し替えて陳述書（弁護士の作文）を出せと要求する官僚裁判官の感性を、批判する人々は増えていくだろう。

　1999年7月「司法制度改革審議会」が内閣に設置され、2年以内に答申を出す予定で審議を開始した。審議会が抜本的な改善策を答申するかどうかはわからないが、これを機会にわが国の「公判」システムに対する批判は各方面から起こっている。今後この傾向は強まっていくと思われる。近い将来において陪審制が復活するかどうかは別として（たぶん復活するだろう）、公判前の証拠開示制度を備えた集中審理システムは必ず実現するであろう。そのとき本書のゴールデン・ルールは大いなる活躍の場を与えられるのである。

　その日のためにいまのうちから備えておこうではないか。日本にもキケロの末裔がいることを世界に示そうではないか。

　本書ができあがるについては石橋裕氏（元・現代人文社、現在はフリー編集者）に大変にお世話になった。彼の叱咤激励がなければ本書は永遠に日の目を見なかったであろう。

1999年9月
訳者

訳者略歴

高野　隆(たかの　たかし)
弁護士(第二東京弁護士会所属)
1956年生まれ。早稲田大学卒業後、1982年弁護士登録。
1987年サザン・メソジスト大学ロースクール卒業(LLM)。
2013年、一般社団法人東京法廷技術アカデミー(http://www.trialadvocacy.jp/)創立。

●主な著作

『陪審評議』(イクオリティ　1992年　共著)
『ミランダの会と弁護活動』(現代人文社　1997年　共著)
『偽りの記憶──「本庄保険金殺人事件」の真相』(共著、現代人文社、2004年)
『ケースブック刑事証拠法』(現代人文社、2008年)
他論文多数。

●監修DVD(制作／法廷技術研究会)

『[廉価版]DVDで学ぶ裁判員裁判のための法廷技術(基礎編)第1巻』
(現代人文社、2016年)
『DVDで学ぶ裁判員裁判のための法廷技術(基礎編)第2巻』(同、2013年)
『DVDで学ぶ裁判員裁判のための法廷技術(基礎編)第3巻　異議』(同、2014年)

●動画配信

『高野隆VS後藤貞人「最高の法廷技術を学ぶ」』(2020年)
刑事弁護オアシスECサイトにて動画配信中 (有料)
https://www.keiben-oasis.com/bazaar/100th-memorial

『刑事弁護「法廷技術」セミナー』(2023年)
刑事弁護オアシスECサイトにて動画配信中 (有料)
https://www.keiben-oasis.com/bazaar/tata

弁護のゴールデンルール

| 2000年 3 月25日 | 第 1 版第 1 刷発行 |
| 2024年 3 月31日 | 第 1 版第14刷発行 |

著者	キース＝エヴァンス
訳者	高野　隆
発行人	成澤壽信
発行所	(株)現代人文社
	〒160-0004 東京都新宿区四谷2-10　八ッ橋ビル7階
	電話 03-5379-0307　ファクス 03-5379-5388
	henshu@genjin.jp（編集）hanbai@genjin.jp（販売）
	http://www.genjin.jp
発売所	(株)大学図書
印刷	株式会社ミツワ
装丁	加藤英一郎

落丁・乱丁本等はお取り替え致します
Printed in Japan 2000
ISBN978-4-906531-97-4

JPCA 日本出版著作権協会
http://www.jpca.jp.net/

本書は日本出版著作権協会（JPCA）が委託管理する著作物です。複写（コピー）・複製、その他著作物の利用については、事前に日本出版著作権協会（電話03-3812-9424, e-mail:info@jpca.jp.net ）の許諾を得てください。